KB205784

골로새서

Originally published in English in the U.S.A. under the title: *Colossians: A Short Exegetical and Pastoral Commentary*

Copyright © 2020 Anthony C. Thiselton, of the English original version by Anthony C. Thiselton. This edition licensed by special permission of Wipf and Stock Publishers. www.wipfandstock.com License arranged through rMaeng2, Seoul, Republic of Korea.

이 한국어판의 저작권은 알맹2를 통하여 Wipf and Stock Publishers와 독점 계약한 SFC출판부에 있습니다. 저작권법에 의하여 한국 내에서 보호받는 저작물이므로 무단 전재와 무단 복제를 금합니다.

골로새서

초판 1쇄 인쇄 2023년 6월 7일
초판 1쇄 발행 2023년 6월 14일

지은이 앤터니 C. 티슬턴
옮긴이 김은홍
펴낸이 유동휘
펴낸곳 SFC출판부
등록 제104-95-65000
주소 (06593) 서울특별시 서초구 고무래로 10-5 2층 SFC출판부
Tel (02)596-8493
Fax 0505-300-5437
홈페이지 www.sfcbooks.com
이메일 sfcbooks@sfcbooks.com
기획·편집 편집부
디자인편집 최건호
ISBN 979-11-87942-83-2 (03230)
값 11,000원

잘못 만들어진 책은 언제든지 교환해 드립니다.

골로새서

주해와 목회를 돕는 단편 주석

앤터니 C. 티슬턴 지음

김은홍 옮김

SFC

목차

약어 **7**

추천의 글 **7**

머리글 **11**

제1부: 서론

(1) 골로새 교회 **15**

(2) 거짓 가르침("골로새 이단"이라고 불리기도 했던) **17**

(3) 골로새서 원저자 문제 **20**

(4) 골로새서의 집필 장소 및 시기 **27**

(5) 바울의 가장 독특한 주제: 우주적 그리스도의 우월하심 **30**

제2부: 본문 및 주석

1. 서문(1:1-14) **35**

(1) 소개와 인사(1:1-2) **35**

(2) 바울이 하나님께 감사드리는 이유들(1:3-8) **40**

(3) 그리스도를 통한 중보: 그는 우리를 어둠에서 구하신다(1:9-14). **46**

2. 교리: 보편적 주되심과 그리스도의 전적 충분하심(1:15-2:23) 51

　(1) 예수 그리스도의 우월하심과 충분하심(1:15-23) **51**

　(2) 하나님이 행하시는 화해의 일에서 우리의 몫: 바울의 사역(1:24-2:5) **72**

　　1) 바울의 이방인 사역(1:24-25) **73**

　　2) 바울의 메시지(1:26-29) **78**

　　3) 골로새에 있는 교회를 향한 바울의 요청(2:1-5) **81**

　(3) 대적자들과의 대립: 부활하신 그리스도의 힘(2:6-15) **85**

　(4) 유대인의 율법으로부터 너희의 자유, 곧 그리스도인의 자유를 지키라(2:16-23) **98**

　　1) 음식, 절기와 관련한 자유(2:16-17) **98**

　　2) 금욕, 천사숭배와 관련한 자유(2:18-19) **100**

　　3) 자유는 그리스도와 함께 죽음을 의미한다(2:20-23) **103**

3. 실천: 일상생활에서 실천해야 하는 그리스도의 규율(3:1-4:6) 107

　(1) 새로운 부활의 삶: 옛 행실을 버림(3:1-11) **107**

　　1) 여러분은 그리스도와 함께 살려 주심을 받았습니다(3:1-4) **108**

　　2) 옛 행위를 버리라(3:5-11) **114**

　(2) 그리스도인의 구별되는 특징(3:12-17) **124**

　(3) 기독교의 영향 안에 있는 가정의 삶(3:18-4:1) **129**

　(4) 마지막 권면들: 기도, 선교, 그리고 외부인들과의 접촉(4:2-6) **140**

4. 신상 기록: 바울의 서신을 전달하는 이들과 동료들, 그리고 끝인사(4:7-18) 147

참고 문헌 **157**

색인: 인명/주제/성경 및 기타 문헌 **163**

약어

AV/KJB   Authorized Version of the Bible/King James' Bible

BDAG   F. W. Danker, *A Greek-English Lexicon of the New Testament and Other Early Christian Literature* (3rd ed. Chicago: Chicago University Press, 2000; based on the Lexicon by W. Bauer, W. F. Arndt and F. W. Gingrich)

CGTC   Cambridge Greek Testament Commentary

ECNT   Zondervan Exegetical Commentary on the New Testament

GNB   Good News Bible (Today's English Version)

ICC   International Critical Commentary

JSNTS   Journal for the Study of the New Testament Supplement

NASB   New American Standard Bible

NIB   The New Interpreter's Bible (Nashville: Abingdon, 2000)

NICNT   The New International Commentary on the New Testament

NIGTC   The New International Greek Testament Commentary

NIV   New International Version

NLC   New London Commentary

NJB   New Jerusalem Bible

NPNF   The Nicene and Post-Nicene Fathers

NRSV   New Revised Standard Version

PNTC   Pillar New Testament Commentary

TCNT   Twentieth Century New Testament

TDNT   *Theological Dictionary of the New Testament*, edited by By G. Kittel and G. Friedrich (ET, Grand Rapids: Eerdmans, 10 vols., 1964-76)

THNTC   Two Horizons New Testament Commentary

TNTC   Tyndale New Testament Commentary

UBS   United Bible Societies

WBC   Word Biblical Commentary

WUNT   Wissenschaftliche Untersuchungen zum Neuen Testament

추천의 글

2,000년 전에 골로새 도시를 비롯해 당시 사회와 문화에는 "철학과 헛된 속임수"가 있었다. 이것은 골로새 교회에 큰 위협이 되었다. 이에 사도 바울은 골로새 교회의 성도들에게 편지를 쓰게 되었다. 그런데 이런 상황은 오늘날에도 마찬가지이다. 교회와 하나님을 공격하는 세력들과 가르침들이 여전히 지배적인 힘을 발휘하고 있기 때문이다. 따라서 오늘 우리에게도 예수님이 어떤 분이신지를 탁월하게 설명하고 있는 골로새서가 절실하게 필요하다.

우리에게 무엇보다 중요한 것은 우리를 지으시고 지금도 세상을 운행하시는 예수님, 곧 하나님을 잘 아는 것이다. 그분을 잘 알면 어떤 공격도 문제가 되지 않기 때문이다. 그런데 하나님을 더 잘 알기 위해서는 그분의 마음과 뜻이 담긴 성경을 바르게 이해해야만 한다. 이런 점에서 예수님을 가장 놀랍게 설명하고 있는 저자의 골로새서 주석이 우리에게 주어진 것은 하나님의 은총이 아닐 수 없다.

_박은조(목사, 글로벌 문도 하우스 원장, 아프간 선교회 및 중국 선교회 이사장)

해석학 이론의 대가가 바울의 골로새서를 만났다. 두 지평의 융합을 설파한 전문가로서 골로새서의 텍스트를 어떻게 오늘의 독자들이 이해할 수 있을지, 안내자로 나선 것이다. 이 책, 티슬턴의 『골로새서』가 드러내는 특징/장점은 다음과 같이 네 가지로 정리할 수 있다.

첫째, 그리스도, 구속, 교회에 대한 확신이 배어 있다. 마찬가지로 성경에 대한 존중의 태도도 밑에 깔려 있다. 그가 철학적 해석학을 섭렵한 사람이기에 감흥이 크다. 둘째, 텍스트의 의미를 밝히는 데 혼신의 힘을 쏟는다. 그가 헬라어 본문으로부터 사역을 시도한 것이나 중요한 단어와 어구들의 원의를 낱낱이 소개하는 것도 이런 노력의 일환이다. 셋째, 본문의 주석적·신학적 해석 과정에 있어 다른 전문가들과 끊임없이 대화를 시도한다. 반대자들의 견해에 귀를 기울이면서도 자신의 소신과 타협하지 않는다. 자신의 견해를 섣불리, 불쑥, 도그마틱하게 말하지 않지만 요지만큼은 선명히 전달한다. 넷째, 그는 학문적 깊이와 실천적 관심을 함께 중요시한다. 매번의 주석 말미에 첨부된 "묵상을 위한 질문"이 그 증거이다.

티슬턴의 무르익은 저술 기량과 번역자의 맛깔난 수고로 말미암아, 골로새서의 메시지가 우리의 신앙과 삶에 크게 울려 퍼지기를 기대하는 바이다.

_**송인규**(한국교회탐구센터 소장/합동신학대학원대학교 은퇴교수)

바울은 골로새 성도들의 얼굴을 한 번도 보지 못했다. 감옥에 갇힌 그가 자유롭지 못한 상황에서 얼굴 한번 보지 못한 성도들을 목회하는 방법은 무엇이었을까? 당시 가장 좋은 수단은 편지였으리라(오늘날의 SNS라고나 할까?). 엔데믹 시대를 살아가는 오늘날의 교회와 성도를 목양해야 하는 목회자들에게 골로새서는 뜻밖의 시야를 열어 준다. 다른 바울 서신의 패턴이 늘 그렇듯이, 골로새서의 앞부분(1~2장)은 탄탄한 교리 부분이고, 뒷부분(3~4장)은 삶의 실천이다. 바울은 당시 감각과 관념을 중요시하는 헬레니즘 문화와 세계관에 익숙해 있던 골로새 성도들에게 그리스도와 교회를 머리와 몸의 이미지로 설명한다. 그런데 에베소서가 머리되신 그리스도의 몸으로서의 교회를 강조했다면, 골로새서는 교회의 머리되심으로서의 그리스도를 강조했다고 할 수 있다. 티슬턴은 이 책에서 이러한 바울의 접근을 탄탄한 신학과 꼼꼼한 원어 분석에 근거해서 알기 쉽고 간략하게 설명할 뿐 아니라, 그만의 특유한 목회적이고 실천적인 접근까지 추가해서 제시해준다. 이 책은 진리가 시대에 따라 변질되어가는 다원주의 시대에 "골로새서가 담고 있는 교회의 머리로서 그리스도는 누구신가?"를 배워가는 가장 적합한 참고서가 되리라 확신한다.

_송태근(삼일교회 담임목사)

이 책은 고린도전서와 고린도후서에 이어 티슬턴 교수의 목회적 관심을 살린 세 번째 실용적인 주석이다. 이 책에서 티슬턴 교수는 우리의 구원을 위해 오직 그리스도로 충분하다는 골로새서의 가르침을 잘 풀어내고 있다. 또한 그의 기독론적 지식의 풍성함과 균형이 잘 녹아있는 책이기도 하다. 고린도후서 주석에서는 시도하지 않았던 헬라어 원문 직역이 포함되어 있어 번역의 부담이 적지 않았을 텐데, 이를 깔끔하게 잘 해결해 낸 번역자의 노력도 돋보인다. 오늘날 자기 보기에 좋도록 만들어낸 DIY 종교(에델로뜨레스키아)가 판을 치는 이 시대에 계시적 지혜의 본질이 무엇인지를 잘 배울 수 있는 책이다.

_최승락(고려신학대학원장, 신약학 교수)

머리글

다음 세 가지는 꼭 말해 두어야 할 것 같다. 첫째, 나는 이 책을 쓰면서 지난해에 출간한 『고린도후서』[*]를 모델로 삼으려 했다. 둘째, 먼저 쓴 『고린도후서』와는 달리 이번 책에서는 헬라어 원문을 새롭게 번역하려고 시도했다. 이는 이미 나와 있는 영어 번역본들이 전부 전혀 맘에 들지 않아서가 아니라, 프레드릭 댄커(Frederick Danker)와 머리 해리스(Murray Harris), 아치볼드 로버트슨(A. T. Robertson)을 비롯한 여러 학자들에게서 통찰을 얻을 수 있었기 때문이다. 셋째, 영국의 Wipf and Stock 편집자인 로빈 패리(Rev. Dr. Robin Parry)에게 감사의 인사를 꼭 해야겠다. 그는 내 원고에서 개선할 여러 군데를 일러주었고 조언과 제안을 많이 해주었다. 미국에서 인쇄본을 세심하게 준비해 준 헤더 캐러허(Heather Carraher)와 쉰일곱 해를 같이 지내면서 한결같이 나를 응원해 준 아내 로즈메리(Rosemary)에게도 감사의 말을 전한다.

앤터니 C. 티슬턴, FBA,
2020년 5월

---

* *2 Corinthians: A Short Exegetical and Pastoral Commentary* (Eugene, Oregon: Wipf and Stock, Cascade Books, 2019)

제1부

서론

(1) 골로새 교회

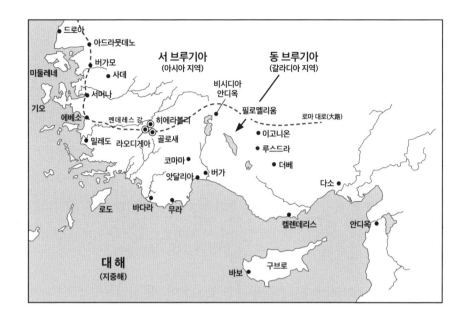

골로새는 브루기아(프리기아) 지방에 속한 도시이다. 에베소에서 동쪽으로 150마일(약 241㎞), 히에라볼리(Hierapolis, 히에라폴리스)에서 동남쪽으로 13마일(약 21㎞), 라오디게아에서 동쪽으로 10-11마일(약 16-18㎞) 떨어져 있다.

이 도시는 로마 제국의 아시아 속주(현 튀르키예) 남부 지역에 자리 잡고 있었다. 골로새는 한때는 상당한 영향력을 행사했던 부유한 도시였지만, 바울 시대에는 이미 히에라볼리와 라오디게아에게 추월당해 있었다. 4-5세기 전에 골로새가 부를 누릴 수 있었던 것은, 이 도시가 에베소와 사데(사르디스)를 거쳐 유프라테스 강으로 이어지는 중심 도로에 자리 잡고 있었다는 것, 그리고 이 도시의 양모 산업이 크게 발전했다는 것 때문이었다.[1] 골로새, 히에라볼리, 라오디게아

---

1. Lohse, *Colossians and Philemon*, 20.

세 도시 모두 멘데레스(Meander) 강의 지류인 라이코스(Lycus) 강 계곡에 자리 잡고 있었다. 골로새는 먼 지방에서 세상 돌아가는 소식과 사상의 조류를 라이코스 계곡으로 갖고 들어오는 여행객 무리로부터 혜택을 누렸을 것이다. 라오디게아는 세 도시를 아우르는 재정 및 행정의 중심지가 되었고, 히에라볼리는 온천을 보유하고 있어서 많은 방문객을 끌어들였다. 그렇지만 스트라보(Strabo)와 플리니우스(Pliny)가 기록하기를,[2] 골로새는 바울 시대에 이르렀을 때는 소읍에 지나지 않았다고 했다. 필로(Philo)와 요세푸스(Josephus)는 브루기아 지방의 이 도시들에 유대인 거주지가 있었다고 기록하고 있다. 하지만 바울이 편지를 쓸 당시 골로새 교회를 구성하는 교인의 대다수는 이방인이었다. 작은 도시이긴 했지만, 골로새는 특산품인 양모와 값비싼 자색 염료를 교역한 덕분에 그럭저럭 번성했다.

바울이 브루기아 지방에서 복음을 전한 건 사실이지만 골로새를 방문했다는 기록은 없다. 그렇지만 바울이 골로새에 머물면서 설교한 적은 없었다 하더라도 이 도시를 지나갔을 가능성은 있다. 사도행전 19장 10절에 따르면, 바울은 2년 동안 에베소에 거점을 두고 사역했다. 바울이 골로새 교회의 성도들에게 편지를 보내게 된 데는 에바브라를 통해서 골로새 교회에 관한 소식을 듣게 된 것이 한몫했다. 이 편지를 쓸 당시 바울은 로마에서 연금되어 있었거나 아니면 옥살이를 치르고 있었을 것이다. 에바브라는 아마도 50년대 중엽 언저리에 골로새 교회를 설립한 장본인이었을 것이다(골1:6-7). 이 바울 서신의 수신자를 한 교회에 속한 그리스도인들로 상정할 필요는 없다. 왜냐하면 골로새에는 교회가 한 군데만 있었던 것이 아니기 때문이다.

자기가 직접 세우지 않은 교회에 편지를 써 보내야 했을 만큼 바울이 염려했

---

2. Lightfoot, *St Paul's Epistles to the Colossians and to Philemon*, 16, n.1.

던 것은 무엇일까? 아더 새뮤얼 피크(A. S. Peake)는 이렇게 말한다. "최근에 그들 [골로새 성도들]은 어떤 거짓 가르침에 시달리고 있었다. 그 성도들이 아직까지는 가르침을 받은 교리에 충성하고 있었지만(1:4; 2:5), 바울이 이 편지를 꼭 써야 할 만큼 사태가 심각해지고 있었다."[3]

(2) 거짓 가르침("골로새 이단"이라고 불리기도 했던)

던(Dunn)은 이렇게 말한다. "바울이 공격하고 논박하고자 했던 것을 '골로새 이단' 또는 '거짓 가르침'이라고 부르는 오래된 전통이 있는데, 이 전통이 지금까지 이어지고 있다. 이 용어는 오해를 불러일으킬 소지가 있다."[4] 던이 이렇게 주장하는 데는 두 가지 근거가 있다. 첫째, "골로새 이단"이라는 용어에는 어떤 가정이 들어 있다. 곧 이 용어는 '기독교'를 다른 종교집단들과 구분하는, 경계선이 뚜렷한 기독교 정통(Christian orthodoxy)이라는 확고부동한 개념이 당시에 이미 존재했음을 상정한다. 던은 이렇게 주장한다. "그런 관점은 더 이상 지속될 수 없다. 적어도 이처럼 단순한 형태로는 그렇다."[5] 가장 이른 시기의 기독교에는 상당한 다양성이 내재했다고 던은 주장한다. 던은 이 주제를 폭넓게 다루었다.[6] 던이 후속 연구에서 정통(orthodoxy)을 매우 엄격한 몇 가지 개념으로 사용하고 있다는 점에 비추어 보면, 그의 이러한 주장은 이해할 만하다. 그렇지만 골로새 교회 내부에 있었던 바울의 대적들에게 바울의 기독교(Pauline

---

3. Peake, "Colossians," 478.

4. Dunn, *Colossians and Philemon*, 24.

5. Dunn, *Colossians and Philemon*, 24.

6. Dunn, *Unity and Diversity in the New Testament*.

Christianity)에서 벗어난 어떤 특징이 있었음은 분명하다. 우리는 굳이 '이단'이라는 용어를 사용하지 않더라도 올바른(right or correct) 그리스도론을 지키고자 한 바울의 염려를 놓치지 않을 수 있다.

둘째, 골로새 교회 안에서 한 무리의 맹렬한 교사들이 바울과 바울 진영이 가르친 복음을 뒤집어엎으려고 시도했기 때문에 교회가 위기에 처했다고 보는 오래된 관점이 있다고 던은 지적한다. 이러한 관점에서 보면 골로새 교회의 위기는 갈라디아 교회에서 바울과 거짓 교사들 사이에 있었던 대립을 빼닮았다고 할 수 있다. 그러나 이러한 관점과 대조되는 보다 현대적인 관점에서는 바울이 갈라디아 교회에 보내는 편지에 적시했던 노골적이고 신랄한 비난(갈1:6-9; 3:1-3; 4:8-10; 5:2-12) 같은 것이 골로새서에는 나오지 않는다고 강조한다. 던은 이렇게 말한다. "반면에, 골로새서의 분위기는 놀라우리만큼 여유롭다. 첫 번째 명확한 경고음(2:8)이 울리기 전에 나오는 긴 전개부분(1:9-2:7), 확고한 반박과 상대적으로 억제된 논쟁이 2장 16-23절에 한정되어 나타나는 중간 부분, 그리고 긴 권면이 들어 있는 비교적 장문으로 이루어진, 하지만 거짓 가르침을 염두에 두고 있다는 구체적인 증거는 역시 제시하지 않는 매우 긴 결론 부분이다."[7] 다른 많은 학자들과 마찬가지로, 던도 모나 후커(Morna Hooker)가 1973년에 발표한 논문을 근거로 자신의 주장을 전개한다.[8] 다시 한 번 말하지만, 이러한 주장은 옳다. 하지만 이를 지나치게 강조해서도 안 된다. 바울은 분명하게 거짓 가르침이 교회에 위협이 된다고 생각하고 있다. 여기서 쟁점은 대체로 인식과 명칭(nomenclature)의 문제일 것이다.

이른바 거짓 교사들은 그들의 사상 체계를 "철학(philosophy)"이라고 불렀는

---

7. Dunn, *Colossians and Philemon*, 26.
8. Hooker, "Were There False Teachers in Colossae?"

데(2:8), 그것의 관심사는 "지혜"(1:9,28; 2:3,23; 3:16; 4:5), "지식"(1:6,9–10; 2:2–3; 3:10), "세상의 초등학문(ta stoicheia tou kosmou)"(2:8,20)이었다. 이러한 관심사는 "천사"(2:18)와 "우주적인 권력들"(2:10,15), 그리고 아마도 "충만함"(2:9,10)과도 연결된다. 이러한 것이 후대의 영지주의 사상의 전통 안에 있는 것이라면, 이제 막 그리스도인이 된 그들에게서 핵심은 이런 것들에 의지하면 더욱 완전한 구원으로의 '진입'을 보장받을 수 있는지의 문제였을 것이다. 바울은 이러한 개념들을 규례와 금욕 관행에 얽매여 사는 것과 함께 묶어 싸잡아 비판한다(2:16,21,23). 이러한 철학 및 그것이 요구하는 실천(praxis)과 대비하여, 바울은 우리의 완전한 구원을 위한 예수 그리스도의 전적 충분하심을 강조한다. **그리스도가 골로새 성도들에게 필요한 전부이다.** 거짓 가르침이 사상 체계의 수준에까지 도달했다고 가정할 필요는 없다. 아마도 이 거짓 가르침은 원시 영지주의(proto-Gnosticism)와 어쩌면 신비 종교들에서 여러 요소를 가져와 뒤섞어 놓은 수준이었을 가능성이 크다.[9]

동시에 우리는 영지주의가 가하는 위협의 특징이기도 한 매우 뚜렷한 유대교의 면모를 무시해서도 안 될 것이다. 라이코스 계곡의 도시들에는 소수민족 유대인이 분명히 거주하고 있었다. 2장 11절과 13절에서 바울은 "손으로 하지 아니한" 할례를 설명하고 있다. 그리고 사해사본들도 금욕 관습을 이야기한다. 우리는 유대교가 영지주의 요소와 결합해 있었다는 증거를 가지고 있으며, 바울이 골로새서에서 맞서고 있는 "철학"의 배후에 있던 것은 이것의 초기 형태, 곧 영지주의 요소와 결합하고 있던 유대교의 초기 형태일 것이다.

거짓 가르침이 무엇인지 재구성해 내려는 시도는 너무나도 복잡하다. 그래서 앤드류 링컨(Andrew Lincoln)이 내린 다음과 같은 결론을 되풀이하는 것으로

---

9. Bornkamm, "The Heresy of Colossians"를 보라.

갈음하겠다. "이 철학의 정체를 밝혀내려는 시도로 제시되었던 해결책들의 수와 다양성을, 이 철학을 재구성해 낼 수 있다고 주장하는 과도한 자신감에 대한 경고로 삼아야 할 것이다."[10]

(3) 골로새서 원저자 문제

바울이 골로새서를 쓴 원저자가 아니라는 주장들은 대부분 1838년 마이어호프(E. T. Mayerhoff)의 시대까지 거슬러 올라간다. 마이어호프는 이 서신을 에베소서에 종속되어 있는 서신으로 간주했다. 그런데 그는 에베소서도 바울이 쓴 서신으로 여기지 않았다. 바울을 골로새서의 저자로 인정하지 않는 주장들은 이 서신의 어휘와 문체뿐 아니라 이 서신의 신학을 근거로 제시한다. 어휘와 문체 측면에서 골로새서의 바울 저작권을 부정하는 사람들은 그 근거로 신약성경에서 골로새서에서만 등장하는 단어들, 곧 33개의 '하팍스 레고메나(*hapax legomena*[특정 고전문헌에만 유일하게 등장하는 단어를 지칭하는 문헌학 용어_역주])'와 동의어 조합(기도하기와 요청하기 또는 영적 지혜와 이해 같은), 그리고 속격 연결사들(genitival connectives)을 제시한다. 많은 저자들이 골로새서의 문체가 정동사보다 분사와 부정사로 이루어진 종속절이 과도하게 사용되어 지루하며 장황하다고 주장한다. 헬라어를 읽는 독자라면 이러한 분석에 쉽사리 동의할 것이다. **신학적** 측면에서 바울의 저작권을 부정하는 사람들은 바울을 특징짓는 주제로 간주되는 의, 칭의, 율법, 구원, 계시 같은 것들이 골로새서에서는 보이지 않는다고 주장한다.

---

10. Lincoln, *Colossians*, 561.

그렇지만 어휘 및 문체와 관련하여 제기되는 의문들의 많은 부분은 그 당시 서기(書記, secretaries)에게 자유가 허용되었다는 것을 지적하는 것으로 답변될 수 있다. 랜돌프 리처즈(E. Randolph Richards)는 바울이 이러한 자원을 이용했다는 점을 잘 보여준다.[11] 골로새서에 나타나는 문체의 특이점은 서기 또는 대서인(代書人, amanuensis)에게서 비롯되었을 것이다. 바울이 일종의 예비 구금 상태 또는 재판 대기 구금 상태에 있었다면, 이러한 자원을 활용했을 가능성이 특히 더 커질 것이다. 더 나아가 어휘 선택은 이 편지의 저자가 바로잡고자 했던 거짓 가르침의 성격에 따라 많은 부분이 결정되었을 것이다.

베르너 퀌멜(Werner Kümmel)은 한 가지 교정 사항을 추가한다. "다른 한편에서 골로새서는 바울의 분명한 문체상의 특이점을 보여준다."[12] 퀌멜은 바울이 구사하는 헬라어에서 그러한 사례들에 해당하는 것들을 다음과 같이 골로새서에서 찾아 제시한다. 곧 ① '디아 투토(dia touto, 그러므로, 이런 이유로)' 뒤에 오는 '카이(kai, 그리고)'(골1:9; cf. 살전2:13; 3:5; 롬13:6) ② '호이 하기오이 아우투(hoi hagioi autou)', "그/그의 성도들"(골1:26; cf. 살전3:13; 살후1:10) ③ '용서하다'라는 의미로 쓰이는 '카리제스싸이(charizesthai)'(골2:13; 3:13; cf. 고후2:7,10; 12:13) ④ '~을 이유로/문제로'라는 의미로 쓰이는 '엔 메레이(en merei)'(골2:16; cf. 고후3:10; 9:3) ⑤ '판 에르곤 아가쏜(pan ergon agathon)', "모든 선한 일"(골1:10; cf. 고후9:8; 살후2:17)이다. 퀌멜은 이렇게 결론짓는다. "따라서 골로새서의 언어 및 문체는 이 서신이 바울의 것이 아니라고 의심할 여지를 전혀 주지 않는다."[13]

만일 우리가 바울이 골로새서의 원저자가 아니라고 의문을 표현하는 최근

---

11. Richards, *Paul and First-Century Letter Writing*, 특히 81-93; 그리고 Richards, *The Secretary in the Letters of Paul*.

12. Kümmel, *Introduction to the New Testament*, 241.

13. Kümmel, *Introduction to the New Testament*, 241.

의 저자 두 명을 더 선정하고자 한다면, 문체보다는 신학이 더 결정적인 요인으로 고려되고 있음을 발견하게 된다. 링컨은 여러 명의 서기나 대서인이 대신 썼다면 문체를 두고 제기되는 문제는 설명될 수 있을 것임을 인정한다. 그 대신에 그는 중심 논점은 우리가 발견하는 신학에 달려 있다고 말한다.[14] 따라서 언어학에 근거한 반론으로는 바울이 골로새서의 저자가 아니라고 배척하기에는 충분하지 않다.

제임스 던도 이런 이유로 골로새서의 원저자가 바울일 가능성을 완전히 배제하는 것은 망설인다. 하지만 그는 이렇게도 주장한다. "골로새서에서 신학적 권면을 담은 내용은 원저자가 바울임에 이론이 없는 다른 모든 서신들에서 우리가 익숙하게 보는 것과는 매우 다르다는 것을 부인하기는 어렵다."[15] 던은 골로새서의 신학과 유사한 것이 고린도전서 8장 6절과 빌립보서 2장 5-11절에서 발견된다는 점을 인정하면서도, 바울이 썼음이 틀림없는 서신들에서 볼 수 있는 그리스도론과는 다른 그리스도론이 골로새서 1장 15-20절과 2장 9-10절에서 나타난다고 지목한다. 그는 다른 데서는 이렇게 말한다. "이것[골로새서]은 이론의 여지가 없는 바울 서신들과, 보통 바울 후대의 것으로 여겨지는 바울 선집에 속하는 서신들 사이에 다리를 놓는 역할을 한다."[16] 다시 말해, 던이 보기에 골로새서는 저자의 폭을 더 넓힌 바울 선집에 속하지만, 바울의 저작권에 대한 그의 의심은 결국 골로새서가 바울 후대의 저자의 것이라는 결론에 이르게 한다. 이러한 주장이 근거로 제시하는 골로새서의 신학은 바울에게서 직접 기대할 수 있는 신학이 아니라 대부분 바울 후대의 신학자들이 개진한 신학이라는 것이다. 최근에는 로버트 윌슨(Robert Wilson)이 골로새서의 바울 저작 가능성 및

---

14. Lincoln, *Colossians*, 577.
15. Dunn, *Colossians and Philemon*, 36.
16. Dunn, *Colossians and Philemon*, 19.

위경(pseudepigraphy) 가능성을 폭넓게 논하고 나서 최종적으로 던의 입장에 동조한다.[17]

하지만 보다 최근의 몇몇 저자는 여전히 바울이 골로새서의 저자라는 전통적 입장을 지지한다. 더글러스 무(Douglas Moo)는 먼저 발신자들이 빈번하게 비서나 서기를 활용한다는 사실을 근거로 제시하면서 골로새서의 문체 및 어휘와 관련하여 제기되는 의심을 일축한다. 그런 다음에 무는 바울 특유의 강조점, 곧 사람의 전통이 아닌 전해 받은 복음(골2:8; 고전15:1-3)과 그 자신이 받은 사도적의 보편성에 대한 바울 특유의 강조점에 주목한다.[18] 골로새서의 그리스도론이 유별나기는 하지만, 이와 유사한 그리스도론은 저자에 대한 이론이 전혀 제기되지 않는 바울 서신들에서도 찾아볼 수 있다(고전8:6; 빌2:5-11; 고전1:18,24).[19] 골로새서는 가장 기본적인 용어들에서 바울과 모순되지 않는다. 무는 이렇게 결론을 내린다. "우리는 골로새서가 일반적으로 언급되는 네 가지 영역에서 다른 바울 서신들과 신학적으로 대립한다고 결코 확신할 수 없다."[20] 더 나아가 위경 가능성에 대하여 논하고 난 다음에 무는 골로새서의 위작 이론을 받아들여서는 안 된다고 결론을 내린다.[21]

골로새서의 저자가 바울이라는 전통적 견해를 따르는 두 번째 최근의 옹호자는 스캇 맥나이트(Scot McKnight)이다.[22] 맥나이트는 진정한 바울을 논한다는 것은 복잡한 문제라고 인정하면서, 던의 조심스러운 접근에 동조한다. 특별히 "서신들이 어떻게 생성되었는지에 관해 오늘날 우리가 알고 있는 것을 감안할

---

17. Wilson, *Colossians and Philemon*, 9-19.
18. Moo, *The Letters to the Colossians and to Philemon*, 32-33.
19. Moo, *The Letters to the Colossians and to Philemon*, 34-35.
20. Moo, *The Letters to the Colossians and to Philemon*, 36.
21. Moo, *The Letters to the Colossians and to Philemon*, 37-41.
22. McKnight, *The Letter to the Colossians*, 5-18.

때 그렇다."[23] 맥나이트는 많은 사람이 무언가를 안다고 생각하지만 실상 그걸 안다는 증거는 충분하지 않다고 우리에게 경고한다. 이것은 특히 문체와 관련한 문제에, 그리고 어쩌면 어휘와 관련한 문제에도 적용된다. 다소 앞뒤가 맞지 않는다고 여겨졌던 긴장 본문들이 사실은 바울이 기존의 전승자료들을 사용한 데서 기인한 것임을 조지 캐넌(George Cannon)이 보여주었다고 맥나이트는 언급한다.[24] 맥나이트는 결국 골로새서의 바울 저작권을 옹호하는데, 이는 그가 그렇게 해야 할 의무감을 느껴서가 아니다. 그는 그 이유를 이렇게 말한다. "골로새서의 바울 저작권에 대해 내가 동의하는 것은 밝혀지지 않는 면에 대해 동의하는 것이 아니라 밝혀진 면에 대해 동의하는 것이다."[25] 다시 말해 맥나이트는 자신이 바울 저작권을 옹호하는 두 가지 근거를 이렇게 제시한다. 첫째, 그는 자신의 내적 확신 말고는 그렇게 해야 한다는 그 어떤 외부의 압력도 느끼지 않는다는 것, 둘째, 골로새서의 바울 저작권을 둘러싸고 논쟁을 벌이는 두 진영을 평가했을 때, 바울 저작권을 지지하는 사람들은 교회의 초기 증언이라는 근거에 의지할 수 있지만 바울 저작권을 부인하는 사람들은 다종다양한 순전한 추측에 의존할 뿐이라고 그가 확신하게 되었다는 것이다. 바울 저작권에 대한 세 번째 현대 옹호자는 데이비드 파오(David Pao)이다. 파오는 주로 골로새서와 빌레몬서 및 빌립보서 사이에 존재하는 유사점에 근거하여 골로새서의 바울 저작권을 옹호한다.[26]

골로새서의 바울 저작권을 이 서신의 신학을 근거로 해서 부정하는 주장들

---

23. McKnight, *The Letter to the Colossians*, 8.
24. McKnight, *The Letter to the Colossians*, 9; Cannon, *The Use of Traditional Materials in Colossians*.
25. McKnight, *The Letter to the Colossians*, 10.
26. David W. Pao, *Colossians and Philemon* (ECNew Testament; Grand Rapids: Zondervan, 2012) 20-23.

은 많은 사람들이 생각하는 것보다 더 불안정하다. 많은 사람들이 진짜 바울은 주요 서신 네 편에서 쓴 것을 되풀이하고 있을 뿐이라고 생각하는데, 이렇게 된 데는 바우어(F. C. Baur)의 영향력이 과도하게 작용한 것 같다. 이렇게 생각함으로써 바울의 시야를 부당하게 좁혀 놓았는데, 이는 바우어가 추측과 순환 논법을 제시하고 있기 때문이다. 베르너 퀴멜(Werner Kümmel)은 1965년에 이렇게 피력했다. "익히 알려진 바울의 개념들이 골로새서에 없다는 것으로는 아무것도 증명하지 못한다. 왜냐하면 [바울 저작권에 이론이 없는] 다른 바울 서신들과 유사한 것들을 골로새서에서도 관찰할 수 있기 때문이다."[27] 다행히도, 학자들은 바우어의 협소한 초점을 넘어서는 방향으로 진일보하고 있는데, 곧 이른바 '루터교의' 바울이라는 사고로 바울을 제한해서는 안 된다는 주장이다. 과장의 가능성이 있음에도 불구하고 샌더스(E. P. Sanders)는 그의 『바울과 팔레스타인 유대교(Paul and Palestinian Judaism)』라는 책에서 진일보한 방법을 제시했다.[28] 이렇게 말한다고 해서 바울에 대한 '새' 관점을 아무런 비판 없이 무조건 인정하는 것은 아니다. 다만 우리가 지금 가리키고 있는 진전을 인정한다는 점에서 이렇게 말하는 것일 뿐이다. 그리고 이것은 바우어가 허용한 것보다 폭이 더 넓은 신학을 보유한 바울을 상상할 수 있는 문을 활짝 열어 준다.

더하여 바울의 신학은 그의 주요 서신들의 신학을 넘어 발전하지 못했다는 인식은 잘 봐줘도 이상한 생각일 뿐이다. 우리는 이 사도가 오직 은혜로 의롭다 함을 얻음과 관련한 논쟁들 및 율법에 관한 쟁점들을 갈라디아서와 로마서, 고린도전서, 고린도후서에서 적절하게 표명했고, 그래서 이제는 다른 사상 및 교리로 관심을 돌릴 필요가 있다며 만족해했을 거라고 쉽게 상상할 수 있다. 그리

---

27. Kümmel, *Introduction to the New Testament*, 241.
28. Sanders, *Paul and Palestinian Judaism* (1977).

고 아마도 그리스도론과 교회론이 그것의 일차 후보가 되었을 것이다. 그리스 도론은 갈라디아서와 로마서의 시기에는 결정적인 쟁점이 아니었는데, 이제 상황이 바뀌었다. 바울은 골로새 교회 안에서 일어나고 있는 새로운 상황에 대응하기 위해 이미 고린도전서 8장 6절과 빌립보서 2장 5-11절에서 언급했던 그의 그리스도론을 더 발전시키고 싶지 않았을까? 바울이 여기서 그의 이전의 일반적인 공식들을 참고했다면, 이것은 훨씬 더 개연성이 있어 보인다. 복음서 전통들은 부활 이전의 예수에 훨씬 더 집중했을 것이고, (요한처럼) 바울은 그러한 강조가 불만스러웠을 것이다. 게다가 골로새 성도들이 직면한 거짓 가르침의 위급성이 그러한 발전을 더욱 시급한 것으로 만들었을 것이다.

앞에서 언급한 맥나이트, 파오, 무에게서만이 아니라, 골로새서의 바울 저작권을 옹호하는 전형적인 사례는 브루스(F. F. Bruce), 마틴(R. P. Martin), 피터 오브라이언(Peter T. O'Brien), 라이트(N. T. Wright)에게서도 확인할 수 있다.[29] 오브라이언은 이렇게 말한다. "골로새서를 진짜 바울의 서신으로 보는 전통은 확실한 (good) 근거 위에 서 있다."[30] 싱(F. C. Synge)을 제외하고는 요즘은 어떤 학자도 골로새서가 에베소서에 종속되어 있다는 마이어호프의 주장을 신뢰하지 않는다. 종속성이 있다면, 그것은 반대 방향이다.[31]

로제(Lohse), 맥도널드(MacDonald), 던, 링컨과 같이 결국 골로새서의 바울 저작권을 의심하는 학자들조차도 문체와 언어에 관한 주장이 결정적일 수는 없다고

---

29. O'Brien, *Colossians, Philemon*, xli-xlix; Wright, *Colossians and Philemon*, 33-37; Martin, *Colossians and Philemon*, 32-40; Bruce and Simpson, *The Epistles of Paul to the Ephesians and Colossians*, 170-73.

30. O'Brien, *Colossians, Philemon*, xli.

31. 에베소서와 골로새서 사이의 관계를 면밀하게 조사한 폴힐(J. B. Polhill)의 "The Relationship between Ephesians and Colossians," 439-50을 보라.

결론 내린다.[32] 결국 모든 것은 바울의 것이 아니라고 주장하는 신학에 달려 있다. 그래서 라이트는 이렇게 결론짓는다. "골로새서의 바울 저작권에 반대하는 실제 무게 중심은 내가 믿기로는 신학의 문제에 있다."[33] 그리고 그는 이렇게 덧붙인다. "골로새서의 신학은 일관되게 '후기(late)' 관점을 입증하는 것이 아니라, 오히려 골로새서를 바울의 다른 모든 서신의 중심 주제들과 연결시킨다. 골로새서의 그리스도론은 빌립보서 2장 5-11절과 고린도전서 8장 6절과 잘 어울린다. ...... 따라서 골로새서의 바울 저작권을 거부할 필요성 같은 것은 전혀 없다."[34]

(4) 골로새서의 집필 장소 및 시기

바울은 골로새서 4장 3절에서 자신이 갇혀 있음을 암시한다. 이 편지는 또한 빌레몬서, 에베소서(엡6:20), 그리고 빌립보서(빌1:12-30)와 빈번하게 연결되는데, 이 세 편의 서신은 옥중서신들로 알려져 있다. 바울이 감옥에 갇혀 있었을 만한 시기로 세 가지가 있는데, 이는 수감 장소에 따라 갈린다. 고린도전서 15장 32절과 고린도후서 1장 8절은 **에베소**를 가리키고, 사도행전 24장 27절은 **가이사랴**를, 사도행전 28장 16절 이하는 **로마**를 가리킨다. 바울이 갇혀 있음을 암시하는 또 다른 곳으로 고린도후서 6장 5절과 11장 23절도 있다. 학자마다 바울이 골로새서를 쓸 당시에 갇혀 있던 장소로 주장하는 곳이 제각각이다. 어떤 경우에는 같은 자료가 여러 가지 가능한 장소와 시기를 가리킬 수도 있다. 예를 들

---

32. Lohse, *Colossians and Philemon*, 4; Lohse, "Christusherrschaft und Kirche im Kolosserbrief"; MacDonald, *Colossians, Ephesians*, 6-9.

33. Wright, *Colossians and Philemon*, 35.

34. Wright, *Colossians and Philemon*, 36.

어, 근위병과 가이사의 집안에 대한 언급(빌1:13과 4:22)은 로마나 에베소, 또는 가이사랴를 가리킬 수 있다. 라이트를 비롯한 다른 사람들은 각 장소는 "철통같은 입증이 불가능"하다고 말한다.[35]

비교적 최근에 학자들이 도달한 합의점은 바울이 로마에서 일종의 구금 상태에 처해 있었다는 것이다. 유세비우스(Eusebius)는 바울이 어느 정도 자유로운 상태였다고 기록하는데, 그렇기 때문에 그에게 동료와 친구가 있었을 것이다(골 4:7-17). 몇몇 사람들이 바울이 편지를 쓰는 데 참여했을 가능성이 있다. 도망친 노예 오네시모가 제국의 도시에서 신분을 숨길 수 있었다고 주장할 수도 있다. 사도행전을 놓고 보면, 로마는 분명히 그 후보지로 많이들 선호하는 도시이다. 비록 사도행전 24장 27절에서는 바울이 2년 동안 가이사랴에서 갇혀 있었다고 말하긴 하지만 말이다. 오브라이언은 사도행전 하나에만 기초하여 "사도행전은 [로마를 제외한] 다른 어떤 수감지도 현실적인 대안으로 제시하지 않는다."라고 주장한다.[36] 브루스와 마울(Moule)도 대체로 이 주장에 동의한다. 만일 바울이 에베소에 수감되어 있었다면, 그때는 대략 54-57년이었을 것이다. 그러나 로마였다면 더 늦은 시기였을 것이다. 브루스는 이렇게 잘라 말한다. "골로새서가 작성된 시기를 바울이 에베소에서 사역하고 있던 때로 잡는 데는 무리가 있다."[37] 로마는 "모든 면에서" 선호되는 장소이다. 마틴은 우리에게 "바울의 선교 전략이 후기에 이르러 발전했을 것이라는 가정에 따라 재구성한 추측에 근거하여 로마가 아닌 다른 장소를 대안으로 확고하게 채택하는 것은 매우 불확실하다."라고 경고한다.[38]

---

35. Wright, *Colossians and Philemon*, 38.
36. O'Brien, *Colossians, Philemon*, l.
37. Bruce, *Ephesians, Colossians*, 411-12.
38. Martin, *Colossians and Philemon*, 25-26.

한편 로마가 수감 장소가 아니라는 주장들에는 그 근거로 제시되는 몇 가지 요소가 있다. 하나는 로마에서 골로새까지의 거리이다. 이는 약 1200마일(약 1931km)에 해당한다. 에바브라와 오네시모는 이미 바울에게로 왔고, 두기고와 오네시모 역시 다시 돌아올 예정이다. 또한 골로새를 방문하고자 하는 바울의 희망(몬1:22)은 그의 스페인 방문 계획(롬15:28)과 충돌하는 것으로 보인다. 조지 오그(George Ogg)가 이러한 쟁점들을 탐구한다.[39]

그렇지만 가이사랴나 에베소를 바울의 수감지로 보는 것에 반대하는 경우는 더 큰 난관에 부닥친다. 가이사랴는 바울의 후기 선교 활동의 근거지가 되기에는 상대적으로 작은 도시로 보인다.[40] 아돌프 다이스만(Adolf Deissmann)과 조지 던컨(George Duncan)도 바울의 수감 장소로 에베소를 지지한다.[41] 300쪽에 이르는 던컨의 노작은 바울의 연대기를 세밀하게 재구성한다. 오네시모를 비롯한 여러 인물과 바울의 관계, 에베소를 선교 근거지로 이용하는 바울, 바울의 연보 모금, 그리고 바울에 대한 반대자도 던컨의 이 연구에 포함된다. 던컨은 바울의 수감을 데메드리오가 주도한 폭동의 직접적인 결과로 본다(행19:23-41). 그럼에도 불구하고 오브라이언은 다음과 같이 결론 내리면서 대체적인 합의를 표현한다. "세 가지 선택지 가운데 에베소와 로마가 가이사랴보다 수감지로 더 큰 자격이 있다. 에베소 가설에도 많은 강점이 있고 전적으로 배제될 수는 없다. …… 모든 것을 고려할 때 우리는 이 대안을[곧 로마를] 선호한다."[42] 라이트는 이 결론을 지지하면서도, 모든 이론이 가설에 지나지 않는다고 덧붙인다.

라이트는 이 서신이 작성된 시기를 "52년과 55년(또는 아마도 53년과 56년) 사이"

---

39. 이 문제를 상세하게 탐구한 것으로는 Ogg, *The Chronology of the Life of Paul*, 178-93이 있다.

40. O'Brien, *Colossians, Philemon*, lii.

41. Duncan, *St. Paul's Ephesian Ministry*, especially 111-15, 144-61, 270-97.

42. O'Brien, *Colossians, Philemon*, liii.

로 잡는다.[43] 오브라이언은 바울이 로마에 수감되어 있었다고 가정할 경우에는 60-61년을, 에베소에서 수감되어 있었다고 가정할 경우에는 54-57년을 제안한다.[44] 큄멜은 바울이 로마에 수감되어 있었다면 58-60년을, 바울의 수감지가 에베소였다면 56-58년을 제안한다.[45] 해리스도 비슷한 시기를 제안한다.[46] 파오는 60년에서 62년 사이를 제안하고, 맥나이트는 라이트처럼 50년대 중반, "아마도 57년"이라고 제안한다.[47]

(5) 바울의 가장 독특한 주제: 우주적 그리스도의 우월하심

골로새서에서 가장 독특한 신학적 문장은 1장 16-19절과 2장 9절에 등장한다. 1장 16절에서 바울은 하늘에 있는 것들이나 땅에 있는 것들, 보이는 것들이나 보이지 않는 것들, 왕권들이나 주권들, 통치자들이나 권위들이나 할 것 없이, 모든 만물이 그리스도 안에서 창조되었다고, 곧 모든 것이 그분으로 말미암아 창조되었고 모든 것이 만물의 목적이신 그분과 함께 존재한다고 말한다. 피조물은 그리스도에게 의존하며, 그리스도를 위하여 창조되었다. 2장 9절에서 바울은 이렇게 단언한다. "그 안에는 신성의 모든 충만이 육체로 거하신다." 이것은 요한이 그의 복음서의 프롤로그에서 다음과 같이 말한 이유를 설명한다. "태초에 말씀이 계시니라. …… 이 말씀은 곧 하나님이시니라. …… 말씀이 육신이

43. Wright, *Colossians and Philemon*, 39.
44. O'Brien, *Colossians, Philemon*, liv.
45. Kümmel, *Introduction to the New Testament*, 245.
46. Harris, *Colossians and Philemon*, 4.
47. McKnight, *Letter to the Colossians*, 39; Pao, *Colossians and Philemon*, 25; Moo, *Colossians and Philemon*, 46.

되어 우리 가운데 거하시매 우리가 그의 영광을 보니……"(요1:1,14). 현대의 많은 저자가 "여기서 그리스도는 우주적 맥락에서 제시된다."라는 데 동의한다.[48]

바울은 예수 그리스도의 우월하심과 전적으로 충분하심에 환호한다. 예수 그리스도는 통치권과 권위를 주장하는 그 어떤 경쟁자보다도, 그것이 천사든 신화적 세력이든 로마 제국의 권위이든, 앞서 계시고 위에 계신다. 그리스도는 또한 구원하시기에 **전적으로 충분하시다.** 이는 골로새 교회 안에서 주장되고 있었을 것으로 보이는 반대자들의 사상 체계와 대조된다. 1장 15-20절이 이전의 공식들을 되울리는 것이든 아니든, 바울은 이것을 자신의 것으로 만들며 2장에서 다시 상세하게 논한다. 바울과 제4복음서의 요한은 처음 세 개의 복음서에서 그려진 예수님의 면모를 더욱 충실하게 보충한다. 그리스도는 우월하시며 전적으로 충분하시며, 다른 어떤 권력보다도 지극히 위에 계신다. 우주는 오로지 그리스도를 위하여 존재한다. 그리스도가 초점이시기에 만물은 이치에 맞게 일관되게 움직인다(1:17).

적절한 때가 되면 바울은 그리스도 안에서 그리스도인이 될 때 일어나게 되는 실제적이고 윤리적인 결과를 설명할 것이다. 그러나 먼저 그리스도의 정체성과 실재에 대한 숙고가 제시된다. 이러한 숙고는 요한의 프롤로그와 닮았다. 이는 뒤따르는 모든 것에 대한 배경을 설정한다. 일단 우주적 그리스도가 시야에 들어오면, 윤리적이고 실제적인 모든 명령이 이해된다. 심지어 우리는 "골로새 이단"이라고 불리기도 하는 거짓 가르침의 속임수도 알게 된다. 왜냐하면 바울이 골로새 공동체를 꾸짖지 않고 오히려 그들의 신실함을 칭찬하지만, 그럼에도 불구하고 거짓 교사들이 교회에 들어와 성도들을 그리스도에 대한 믿음에서 끌어내리려고 유혹하려 들고 있기 때문이다.

---

48. White, "Colossians," 217.

던은 이 서신의 그리스도론과 교회론은 "저작권에 이론이 없는 바울 서신들에서 우리가 발견한 것 이상으로 크게 발전한 것 같다."라고 말한다.[49] 사실 자체를 그대로 진술한 것이라는 점에서는 던의 이 말이 맞다. 그러나 우리가 바울의 그리스도론이나 그의 교회론이 더 이상 발전할 수 없었다고 가정하지 않는 한, 이 사실 자체는 골로새서의 바울 저작권 문제에 거의 영향을 미치지 못한다.

던은 이 서신을 "바울 이후의 궤적"이 시작되는 시점에 매우 가까운 것으로 간주한다. 그러나 에바브라 같은 그리스도인들과 나눈 대화에서 반영되는 바울, 곧 말년의 "수감" 상태에 있는 바울이 그리스도의 우월하심과 전적으로 충분하심에 대하여, 그리고 교회의 중요성에 대하여 지금까지 이야기했던 것보다 더 많은 이야기를 한다고 상상하는 것은 자연스러운 일이다. 더 나중에 쓰인 에베소서가 이러한 후기의 사고를 절정으로 이끄는지에 관해서는 다만 추측할 수 있을 뿐이다.

골로새서의 찬송(골1:15-20)을 가리키며 로제는 이렇게 주해한다. "이 서신은 그리스도가 온 세상 위에 계시는 주님으로 선포되는 메시지를 발전시킨다. 그리스도 안에서 신성의 완전한 충만하심이 몸으로 거하신다(2:9). 그리스도는 모든 권력들과 권세들(2:10)의 머리이시다. 그리스도는 그분의 몸인 교회의 머리이시다(1:18)."[50]

49. Dunn, *Colossians and Philemon*, 19.
50. Lohse, *Colossians and Philemon*, 3.

제2부

본문 및 주석

1. 서문(1:1-14)

(1) 소개와 인사(1:1-2)

¹하나님의 뜻으로 그리스도 예수의 사도가 된 바울과 형제인 디모데가 ²골로
새에 있는 그리스도 안에서 거룩한 사람들과 신실한 형제자매들에게 이 편지
를 씁니다. 우리 아버지 하나님께서 내려주시는 은혜와 평화가 여러분에게
있기를 빕니다.¹

쓴 사람, 곧 발신자의 이름을 밝히고 바로 뒤에 수신자를 밝히는 서식은 고
대 그리스-로마 서신에서 익숙한 관례이다. 바울이 골로새를 직접 방문한 적이
없지만, 골로새 그리스도인들은 대략 주후 52-55년 무렵에 바울의 에베소 사역
을 통해서(cf. 행19:10,17-20,23-41) 바울이라는 이름을 익히 알고 있었을 것이다. 바
울이 이 편지를 쓰게 된 것은 에바브라가 바울에게 골로새 교회에 관한 소식을
전해 주었기 때문이다. 1장 7절에서 바울은 "우리와 함께 종 된 사랑하는 에바

---

1. 모든 번역은 저자의 사역(私譯)이다(저자의 사역을 한글 개정개역 및 새번역 성경을 기초해서 우리말로
옮겼다-역주). 후대의 필사본(MSS)에는 끝에 "그리고 주 예수 그리스도로부터"가 첨가되어 있다. "우리
아버지 하나님으로부터 그리고 우리 주 예수 그리스도로부터 은혜와 평화가 너희에게 있을지어다."

브라"라고 말한다. 바울은 자신의 편지를 읽을 골로새 독자들의 시선을 그리스도의 탁월하심(pre-eminence)과 전적 충분하심(all-sufficiency)으로 이끌고자 한다. 그래서 바울은 자신을 예수 그리스도의 사도라 부른다. 그리스도의 위임을 받아 그리스도를 대리하는 사람이라는 것이다. 이로써 바울은 자신이 직접 방문한 적 없는 골로새 교회에 편지를 쓸 자격이 있다고 밝힌다.

제프리 크래프턴(Jeffrey Crafton)은 바울의 관점에서 사도들은 사람들이 그리스도 안에서 하나님을 보는 투명한 창문이 된다고 말한다.[2] 크리소스토무스(Chrysostom)도 비슷하게 지적한다. 그는 "사도"라는 칭호는 자신이 아니라 그리스도를 가리키기 때문에 겸손을 담고 있는 말이라고 했다.[3] 바울 서신들에서 "사도"는 그리스도의 부활을 증언하는 증인이다. 이와 대조적으로 누가-행전과 처음 세 개의 복음서에서 "사도"라는 용어는 주로 예수님의 초기 사역 기간에 예수님을 따랐던 열두 제자를 가리킨다. 크래프턴의 설명은 라이트푸트(J. B. Lightfoot)가 밝힌 견해와 잘 어울리는데, 그는 "하나님의 뜻으로"는 논쟁의 대상이 아니라 "개인의 모든 가치에 대한 포기와 하나님의 무조건적 은혜에 대한 선언으로 간주되어야 한다."라고[4] 말한다. 칼뱅도 이렇게 피력한다. "그[바울]는 단순히 한 교회에만 매여 있지 않았다. 오히려 그의 사도직은 모든 교회로 확장되었다."[5]

골로새서에서 바울은 그의 편지를 읽을 독자들의 이런저런 믿음이나 관습에 반대하기 위해서 특별한 권위를 주장할 필요가 전혀 없었을 것이다. 바울은 2절에서 골로새 성도들을 "신실한 형제자매들"이라고 기술한다. 대부분의 현대 저

---

2. Crafton, *The Agency of the Apostle*, especially 63-102.

3. Chrysostom, *Epistle to the Corinthians*, Homily 1:1.

4. Lightfoot, *St. Paul's Epistles to the Colossians and to Philemon*, 131.

5. Calvin, *Philippians, Colossians, and Thessalonians*, 137.

자들은 바울의 권위가 골로새 성도들로부터 도전을 받았다는 어떤 증거도 없다고 주장한다. 이에 반해, 마거릿 맥도널드(Margaret MacDonald)는 바울은 거짓 가르침을 들여오는 사람들에게 반대해야 했기 때문에 자신의 사도직에 호소했다고 확신하면서 골로새 성도들을 갈라디아 교회의 상황과 비교한다.[6] 그리고 이런 이유에서 그녀는 바울이 "하나님의 뜻"에 호소하는 것이라고 말한다. 왜냐하면 "하나님의 뜻"은 막스 베버가 "카리스마를 가진(charismatic)" 지도자에게 필수적인 자질이라고 언급한 초자연적 요소를 입증하는 것이기 때문이다. 덧붙여, 막스 베버에 따르면, 이런 카리스마 지도자에게는 초자연적인 자질 외에 협력자들로 구축된 네트워크도 필수적이다.

에두아르드 로제(Eduard Lohse)는 두 가지 견해를 모두 인정한다. 그는 이렇게 말한다. "비록 골로새 공동체의 삶과 행동에는 그들을 질책할 만한 이유가 없지만, 이 편지의 저자는 의심할 것 없고 순전하기 이를 데 없는 이 공동체가 혹시라도 거짓 가르침에 오도되어 사기꾼들의 먹잇감이 될까봐 심히 걱정하고 있다." 이어서 그는 "이 때문에 이 공동체는 바른 가르침과 거짓 가르침을 분별하라는 긴급한 경고와 권면을 받는다. '누가 철학과 헛된 속임수로 너희를 사로잡을까 주의하라'(2:8)."[7]라고 말한다. 바울은 이 편지의 가장 많은 부분을 하나님의 뜻으로 사도가 되었다는 단 하나의 조건을 가지고서 골로새 성도들에게 믿음을 계속 유지하라고 권면하는 데 할애한다.[8] 이에 관해 라이트는 이렇게 주해한다. "바울은 단지 사적인 개인으로서가 아니라 그리스도 예수의 사도로서 골로새 성도들 앞에 선다."[9]

---

6. MacDonald, *Colossians, Ephesians*, 33-35.

7. Lohse, *Colossians and Philemon*, 2.

8. Hooker, "Were There False Teachers in Colossae?" 이것이 어쩌면 전반적인 전환점의 시작이 되었을 것이다.

9. Wright, *Colossians and Philemon*, 49.

바울은 자신을 디모데와 하나로 묶는다(1절). 이는 바울의 사역이 항상 다수의 동료 사역자들과 협력하는 가운데서 이루어졌기 때문이다. 바울은 단독 사도나 단독 선교 목사가 아니다. 디모데는 다른 다섯 개의 서신(데살로니가전서, 데살로니가후서, 고린도후서, 빌립보서, 빌레몬서)에서 바울과 함께한 공동 사역자로 불린다. 디모데는 바울의 첫 선교 여행지인 루스드라에서 회심했다. 다른 곳에서는 실라, 더디오, 소스데네가 바울의 공동 사역자로 언급되고 있다. 몇몇은 바울의 서기로도 봉사했다.[10] 바울은 결코 혼자 사역하지 않았다. 그는 항상 자신을 동료 사역자 또는 사역자들과 하나로 묶었다. 스콧(E. F. Scott)은 초기 기독교 선교사들은 짝을 지어 일할 때가 자주 있었다고 말한다. "아마도 둘씩 짝을 지어 제자들을 파송하신 예수님의 명령을 따랐을 것이다."(막6:7).[11] 그래서 오브라이언(O'Brien)은 "자신을 '사도'라고 칭하는 바울의 입장에서 볼 때, 그가 고압적인 태도를 취했을 가능성은 전혀 없다."[12]라고 말한다.

바울이 소개말과 인사말에서 '교회'라는 단어를 사용하지 않는다고 해서 놀랄 필요는 없다. 교회라는 말은 로마서, 빌립보서, 에베소서에도 없다. 어떤 서신에서든 바울은 교회의 동의어에 해당하는 '성도들', 곧 "거룩한 사람들(hagiois)"이란 용어를 사용하는데, 이 말에는 모든 그리스도인이라는 의미가 들어 있다. 바울은 그의 서신을 읽을 독자들에게 있는 어떤 결함을 거론하기 전에 보통 그들을 (신실하고 거룩한 성도들이라고) 칭찬한다. 만일 골로새 교회가 이방인이 다수를 이루고 있었다면(실제로 그랬을 가능성이 크다), 바울이 이 용어(성도들)를 사용한 것은 놀라운 일이다. 왜냐하면 이 용어는 원래 이스라엘 백성을 지칭하는 경

---

10. Richards, *Paul and First-Century Letter Writing*, 특히 81-93; 그리고 Richards, *The Secretary in the Letters of Paul*을 보라.

11. Scott, *The Epistles to the Colossians, to Philemon, and to the Ephesians*, 13.

12. O'Brien, *Colossians, Philemon*, 2.

우에만 독특하게 사용되었기 때문이다. 아주 초기에 '그리스도인들'이라는 용어는 여전히 다소 경멸적인 말이었다고 스콧은 말한다. 따라서 바울은 '성도들'이라는 용어를 사용해서 그들을 더 높은 경지로 들어 올리는 것이다.[13]

은혜(*charis*)와 평화(*eirēnē, shalom*)라는 용어의 사용은 부분적으로만 관습적인 인사말의 형식을 반영할 뿐이다. 바울은 "은혜"를 말할 때, 특히 용서와 화해에서 나타나는 자격 없는 자에게 주어지는 하나님의 호의(favor)라는 기독교적 내용을 담아서 말한다. 한편 "평화"는 주로 내적 평온을 의미하는 것이 아니라 하나님과 조화로운 관계 및 일반적인 안녕(well-being)을 의미한다. 하나님께서 은혜와 평화를 주시기를 구하는 것은 민수기 6장 24-26절의 제사장의 축복에 나온다. 아버지이신 하나님은 모든 복의 근원이시다.

〈묵상을 위한 질문〉

1. 바울은 왜 디모데와 자신을 하나로 묶는가? 이에 대한 한 가지 이상의 이유가 있는가? 바울이 보여주는 협력하는 자세에서 우리는 어떤 교훈을 배우는가?

2. 누가 "거룩한 사람들" 곧 '성도들'인가? 그들은 이스라엘 백성과 어떤 관계가 있는가?

3. 다른 그리스도인들을 '거룩한 사람들' 또는 '성도들'이라고 부르는 것이 구체적으로 어떻게 동료 그리스도인들을 얕잡아 보지 않게 하는 데 도움이 되는가?

4. 바울은 왜 인사말에서 "하나님의 뜻"을 이야기하는가? 그리스도인들이 스스로를 사역에 임명할 수 있는가?

---

13. Scott, *Colossians, Philemon, and Ephesians*, 14.

(2) 바울이 하나님께 감사드리는 이유들(1:3-8)

³우리는 여러분을 위하여 기도할 때, 항상 우리 주 예수 그리스도의 하나님 아버지께 감사를 드립니다. ⁴우리는 그리스도 예수에 대한 여러분의 믿음과 모든 성도를 향해서 여러분이 품고 있는 사랑을 전해 들었습니다. ⁵이 믿음과 사랑은 여러분을 위하여 하늘에 쌓아 두신 소망에 근거합니다. 이 소망은 여러분이 전에 진리의 말씀 곧 복음을 받아들일 때 들은 것입니다. ⁶이 복음은 온 세상에 전해진 것과 같이 여러분에게 전해졌습니다. 여러분이 하나님의 은혜를 듣고서 참되게 깨달은 그날로부터 여러분 가운데서와 같이 온 세상에서 열매를 맺으며 자라고 있습니다. ⁷여러분은 하나님의 은혜를 우리와 함께한 종, 사랑하는 에바브라에게서 배웠습니다. 그는 우리를 위해서 일하는 그리스도의 신실한 일꾼이요, ⁸성령 안에서 여러분의 사랑을 우리에게 알려 준 사람입니다.¹⁴

1장 3-5절에서 바울은 하나님께 감사드리는 기도로 시작한다. 여기서 복수형 "우리는 …… 감사를 드립니다"는 아마 문학적 복수형(literary plural)일 것이다. 그러나 바울은 종종 단수형과 복수형을 번갈아 가면서 다양하게 사용한다.¹⁵ 링컨은 이러한 "소위 중보기도 보고(intercessory prayer report)"의 수신자는 하나님이

---

14. 본문 주: 3절의 "아버지 하나님께(to God the Father)"는 B(Vaticanus), C의 교정자(C*), 그리고 아우구스티누스의 지지를 받는다. UBS 위원회는 이것을 다른 사본 독해들(Metzger, *A Textual Commentary on the Greek New Testament*, 552)의 관점에서 '좁게' 지지한다. 7절에서 매우 이른 시기의 사본 Ɖ46, Sinaiticus의 교정자들(ℵ), A, B, C, 그리고 D*(the Western text)는 "우리를 위해서(on our behalf)"를 지지한다. 던(Dunn), 마틴(Martin), 마울(Moule), NJB, NIV도 이것을 따른다(Dunn, *Colossians and Philemon*, 65; Martin, *Colossians and Philemon*, 49; Moule, *Epistles to the Colossians and to Philemon*, 27 and 51). 반면에 일부 필사본(MSS)은 "여러분을 위해서(on your behalf)"를 지지한다. NRSV도 이것을 따른다.

15. Cf. Schubert, *Form and Function of Pauline Thanksgivings*.

아니라 이 편지를 읽을 독자들이라고 설명한다.[16] 그는 이 구절(3절)이 공중 기도를 활용하여 "회중에게 미묘한 메시지를 전하거나 지시하는 것"에 대한 근거를 제공하는 것은 아니라고 덧붙인다.[17] 여기서 바울이 하나님을 강조한 것은 하나님의 주권을 확언하기 위해서일 것이다. 바울이 하나님께 감사드리는 이유는 여섯 가지 사실에 근거한다. 첫째, 에바브라에게서 전해들은 그 교회에 관한 소식, 둘째, 그 교회 안에 있다고 들은 믿음과 소망과 사랑, 그리고 이 사랑은 사실 모든 성도, 곧 모든 그리스도인을 향한 그 교회의 사랑이라는 사실, 셋째, 그 교회를 위하여 하늘에 "쌓아 두신" 소망, 넷째, 골로새에서뿐만 아니라 모든 지역에서 분명하게 드러나고 있는 복음에 대한 활기 넘치고 날로 커지고 있는 반응, 다섯째, 신실한 동료 사역자 에바브라의 협력, 그리고 여섯째, 그 교회 성도들이 성령 안에 참여하였으며, 이것이 그들의 사랑 안에서 분명하게 드러났다는 사실이다. 이 본문에서 그리고 더 넓게는 초기 기독교 전통에서 기도는 성부 하나님께(to) 주 예수 그리스도를 **통해**(through) 드리는 것이었다. 스콧은 이를 근거로 그리스도인들이 예수님이 보여주신 확신과 신뢰를 가지고 하나님께 나아갔을 것이라고 지적한다.[18]

바울은 믿음과 소망과 사랑이라는 트리오를 이미 고린도전서 13장 13절에서 함께 묶어 냈다. 이 묶음은 이미 신약성경의 다른 서신들, 특히 바울 서신들에서 명시적으로든 함축적으로든 발견된다(롬5:1-5; 갈5:5-6; 살전1:3; 히6:10-12). "쌓아 두신(apokeimeinēn)"이라는 표현을 사용함으로써 바울은 소망이 지닌 객관적이고 확정적인 성격을 강조한다. 이 단어는 헬라어 '아포쎄사우리조(apothēsaurizō)'에서 유래한 것으로, 곧 미래를 대비하여 따로 쌓아 둔다는 뜻이다(딤전6:19). 이

---

16. Lincoln, *Letter to the Colossians*, 590.
17. Lincoln, *Letter to the Colossians*, 594.
18. Scott, *Colossians, Philemon and Ephesians*, 15.

말은 (천국의 보물을 이야기하는) 마태복음 6장 20절에도 나타나며, (보자기에 싸서 따로 둔 은화를 이야기하는) 누가복음 19장 20절에도 나타난다. "쌓아 두신" 소망은 골로 새 성도들에게 있는 믿음과 사랑의 원천이요, 또한 바울이 하나님께 드리는 감 사의 원천이다.[19] NJB(New Jerusalem Bible)는 이것을 'stored up(저장해 두신)'으로 옮긴다. 던은 "복음이 여기서는 '소망'이라는 말로 요약된다."[20]라고 말한다. 바 울이 말한 대로, "이처럼 독특한 기독교적 의미에서 '소망'은 다른 게 아니라 …… 오로지 미래를 대비하여 확보해 둔 순전히 '하늘에 있는' 상이다." 왜냐하 면 "소망은 지금 여기서 행동을 유인하는 강력한 동기이기 때문이다."[21] 소망은 미래를 위한 것이며, 미래는 여전히 감추어져 있다. 하지만 미래는 절대적으로 안전하다. 링컨은 골로새 독자들에게 사랑이 있다는 증거는 다른 사람들의 삶 에 대한 그들의 관심에서 볼 수 있다고 주해한다.[22]

1장 6-8절에서 "온 세상에(the whole world 또는 all the world, NJB, "throughout the world")"라는 바울의 언급은 복음의 역동적인 성장뿐 아니라 복음의 보편성을 표현한다. 링컨은 이것을 "선지자적 낙관주의"라고 칭한다.[23] 5절의 "여러분이 전에 들은 것입니다"는 헬라어 단수 동사(proakouō)를 번역한 것이다. 많은 주석 자들이 "전에"는 골로새 교회가 직면하게 된 오류나 "철학"을 마주하기 전의 시간을 넌지시 말하는 것이라고 가정한다. 이런 견해를 J. B. 라이트푸트가 제시 했고, 마울도 채택했다. 말하자면, 골로새 성도들은 그들의 교회에 침투한 거짓 에 노출되기 전에 먼저 복음의 진리를 들었다는 것이다. 그렇지만 댄커는 동사 "(무엇을) 듣다"를 특정한 시간이 아니라 일반적인 시간을 가리키는 것으로 번역

---

19. Caird, *Paul's Letters from Prison*, 167.
20. Dunn, *Colossians and Philemon*, 60.
21. Moule, *The Epistles to the Colossians and to Philemon*, 49-50.
22. Lincoln, *Colossians*, 590.
23. Lincoln, *Colossians*, 591.

한다. 던도 댄커와 동일한 견해를 취한다.[24] 골로새 성도들은 사변(speculations)을 더 깊은 지혜로 오해했다는 것이다. 칼뱅은 이렇게 주해한다. "바울은 에바브라의 가르침(doctrine)을 승인함으로써 그의 가르침을 공개적으로 인정한다."[25]

"열매를 맺다(karpophoroumenon)"(전문용어로 현재중간태이다)는 성경을 제외하고 다른 곳에서는 비문(碑文)에서만 일부 나타난다('중간'태는 주어의 행동이 주어에게 긴밀하게 영향을 미칠 때 사용된다).[26] 그렇지만 이 동사는 마태복음 13장 23절, 마가복음 4장 20절, 누가복음 8장 15절, 그리고 로마서 7장 4절에도 나타난다.[27] 이 동사가 현재시제로 쓰인 것으로 보아 그 성장의 지속성을 강조한다고 할 수 있다. 크리소스토무스는 이러한 열매 맺음을 선행의 수확물이라고 풀이한다.[28]

골로새 그리스도인들은 "하나님의 은혜를 듣고서 깨달았다." 헬라어 '에페그노테(epegnōte, 알다, 올려다보다)'는 부정과거시제이다. 이 시제는 특정한 시점을 가리킨다(전문용어로는 ingressive aorist[동작의 시작을 나타내는 부정과거]를 표현하는데, 과거 상태로 들어간다는 의미 또는 과거 행동의 시작이라는 의미가 내포되어 있다). 전치사 '에피(epi)'와 결합하여 이 동사는 '완전히 알다' 또는 '온전히 이해하게 되다'라는 강한 의미를 지닌다. 일부 학자들은 이것을 골로새 성도들이 마주하는 거짓 "철학"의 종잡을 수 없는 궤변들과 대조한다. 에바브라의 사역이 필시 골로새 성도들이 그리스도를 아는 지식을 갖게 된 원천이었을 것이다. 보존 상태가 가장 좋은 필사본(MSS)은 에바브라에 관해 "우리를 위해서 일하는"이라고 소개한다. 말하자면, 에바브라는 바울의 동료인 종(엄밀하게는 바울의 동료인 노예)이었던 것이다.

NJB는 "우리를 위해서 일하는 신뢰할 만한 대리인"으로 옮긴다. 이 번역에

---

24. Danker, BDAG, 65; Dunn, *Colossians and Philemon*, 60.

25. Calvin, *Philippians, Colossians and Thessalonians*, 141.

26. Harris, *Colossians and Philemon*, 303.

27. Danker, BDAG, 510; Moule, *Colossians and Philemon*, 50.

28. Chrysostom, *Homilies on Colossians*, Hom. 1, 259.

는 헬라어 '디아코노스(*diakonos*)'를 연구한 존 콜린스(John Collins)의 최근 저작이 반영되어 있는데, 그는 이 연구에서 7절에 나오는 에바브라의 '디아코노스'를 다룬다.[29] '디아코노스'는 고린도후서 6장 4절과 데살로니가전서 3장 2절, 그리고 그밖에 다른 바울 서신에도 나타난다. 기독교 전통에서 집사 직분(the diaconate)은 감독(bishops)과 장로(priest/presbyters)와 집사(decons) 가운데 세 번째 직분을, 또는 장로와 집사 가운데 두 번째 직분을 나타낸다고 생각해 왔다. 그러나 콜린스는 '디아코노스'를 '중재자, 대리자, 또는 조력자로 봉사하는 사람'으로 번역한다. 그는 신약성경에서 '디아코노스'는 감독이나 장로의 대리인 또는 조력자로 봉사한다고 주장한다. 즉 집사를 사회봉사자나 회계담당자와 동의어로 취급할 필요가 없다는 것이다. 댄커도 콜린스를 따른다. 물론 그럴 경우 열두 사도가 제자들에게 "하나님의 말씀을 전하는 일은 제쳐놓고서 음식 베푸는 일에 힘쓰는 것"을 문제 삼는 사도행전 6장 2절을 이해하는 데 문제가 발생하게 된다는 점을 인정하지만 말이다.[30]

에바브라는 바울에게 (ㄱ) 영 안에서 골로새 성도들의 사랑을 알려 주었다. 마울은 정관사가 없다고 해서 바울이 성령을 가리키지 않으려는 의도로 이렇게 말한 것은 아니라고 말한다.[31] 이 말이 성령을 의미하지 않는다면, 바울은 이 서신에서 성령을 거의 언급하지 않는다고 봐야 한다.

29. Collins, *Diakonia*.
30. Danker, BDAG, 229-31; cf. Croft, *Ministry in Three Dimensions*.
31. Moule, *Colossians and Philemon*, 52.

⟨묵상을 위한 질문⟩

1. 기도할 때 어떤 것들에 감사하는가?

2. 바울은 특별히 무엇을 하나님께 감사드리고 있는가?

3. 소망을 하늘에 "쌓아 둔다"라는 말에는 어떤 힘이 있는가?

4. 상호 보완관계에 있는 믿음과 사랑을 서로 대립하는 것으로 설정할 때가 있는가?

5. 바울은 왜 복음이 "온 세상"에 퍼지는 것에 그토록 감사드렸는가?

6. 바울은 복음을 진리의 말씀이라고 부른다. 진리가 즐거움 때문에 희생되고 있는가?

(3) 그리스도를 통한 중보: 그는 우리를 어둠에서 구하신다(1:9-14)

⁹그러므로 우리가 여러분의 소식을 들은 그날부터, 우리도 여러분을 위하여 쉬지 않고 기도합니다. 우리는 하나님께서 여러분에게 모든 신령한 지혜와 총명으로 하나님의 뜻을 아는 지식을 채워 주시기를 빕니다. ¹⁰여러분이 주님께 합당하게 살아감으로써, 모든 일에서 그분을 기쁘시게 해 드리고, 모든 선한 일에서 열매를 맺고, 하나님을 점점 더 알고, ¹¹하나님의 영광의 권능에서 오는 모든 능력으로 강하게 되어서, 기쁨으로 끝까지 참고 견디기를 바랍니다. ¹²우리는 빛 가운데 있는 하나님의 성도들의 유산의 몫을 나누어 받을 자격을 우리에게 주신 아버지께 감사를 드립니다. ¹³아버지께서 여러분을 암흑의 권세에서 건져내셔서, 그분의 사랑하는 아들의 나라로 우리를 옮기셨습니다. ¹⁴우리는 그 아들 안에서 구속, 곧 우리 죄의 사함을 받았습니다.³²

에두아르드 로제는 1장 9-11절은 바울이 이미 1장 4-6절에서 말한 많은 부분을 반복한다고 지적한다.³³ 하지만 에베소서 1장 8-12절과 비교해 보면 바울은 (또는 에베소서의 바울 계열 저자는) 망설이지 않고 반복해서 기도한다는 것을 알 수 있다. 머리 해리스는 이렇게 주해한다. "이것은 끊임없는 기도라기보다는 규칙적

---

32. 본문 주: 내가 "We give thanks to the Father, who has made us sufficient to share the lot of the inheritance of God's holy people in light"로 사역한 12절에 대한 "기발하고 다양한 독해는 한 무더기나 된다"(Metzger, *Textual Commentary*, 553). 첫째, "to the Father(아버지께)"는 Þ61, C*, F, G를 포함한 다양한 증언들의 지지를 받는다. 둘째, "made us sufficient(자격을 우리에게 주신, *hikanōsanti*)" 또는 "made us able(능력을 우리에게 주신, NJB)"은 Þ46, Sinaiticus, A, C, Dc의 지지를 받는다. 그러나 몇몇 서방 교회 사본들(D*, F, G, 33)은 "called([나누어 받으라고 우리를] 부르신, *kalesaanti*)"로 대체한다. 이러한 대체는 우연히 발생했거나, 아니면 필사 과정에서 희귀하고 예상치 못했던 단어를 바꾸면서 발생했다. "Made us sufficient(*hikanōsanti*)"는 신약성경에서는 고린도후서 3장 6절("하나님께서 우리에게 새 언약의 일꾼이 되는 자격을 주셨습니다")에만 나온다. 셋째, 이 구절의 "우리에게"가 Sinaiticus와 B에서는 "너희에게(*humas*)"로 되어 있고, A, C, D에서는 "우리에게(*hēmas*)"로 되어 있다. UBS 위원회는 "너희에게(you)"로 독해하는 것을 선호한다.

33. Lohse, *Colossians and Philemon*, 25.

이고 빈번한 기도를 가리킨다."[34]

"하나님의 뜻을 아는 지식(The knowledge of his will, *tēn epignōsin tou thelēmatos*)" 은 완전한 지식을 가리키는 헬라어, 곧 코이네(공용 헬라어) 단어를 사용한다. 이 단어는 폴리비우스와 플루타르크 등과 같은 문헌에 등장한다. 일부 학자들은 이 어구가 '사사로운' 계시 또는 비밀 계시를 주장하는 '영지주의'의 오류를 예견하며 우려하고 있다고 제안한다.[35] 바울은 사변적인 지식 또는 인간이 만든 지식이 아니라 하나님을 아는 실제적인 지식을 가리킨다. 지식을 과시하는 신흥지식인들(intellectual upstarts)에 대한 치료법은 무지나 지식을 숨기는 것(obscurantism)이 아니라 하나님의 뜻을 아는 지식이다. 오늘날 우리는 지성적인 지식을 거부하는 과민반응을 보이고 있다. "신령한(spiritual, *pneumatikē*)"이라는 수식어는, 여기서 번역에 반영되어 있듯이, 필시 지혜와 총명(understanding)을 한정한다. 지혜와 총명이 "신령한" 까닭은 성령님의 조명하시는 일 때문이다. 이것은 단순히 지성적인 지식이 아니다. 로제와 오브라이언은 이 구절들을 1장 15-20절의 엄숙한 그리스도 찬양으로 들어가는 일종의 도입부분(introit)으로 묘사한다.[36] 오브라이언은 "건져내셔서(*rhuesthai*)", "옮기셨습니다(*methistanai*)", "빛(*phōs*)", "나누어 받을(*meris*)", 그리고 "몫(*klēros*)"은 세례 상황을 암시한다고 봐도 무리가 없을 것이라고 바르게 제안한다. 이것으로 골로새서에 바울이 자주 사용하는 어휘가 없다는 던의 문제 제기에 일부 답변이 될 것이다.

1장 10절에서 바울은 바른 지식이 있으면 골로새 성도들이 그들을 부르신 하나님의 거룩하심에 합당하게 살 수 있을 것이라고 말한다. "지혜"는 필시 아시

---

34. Harris, *Colossians and Philemon*, 29.

35. Bruce with Simpson, *Epistles of Paul to the Ephesians and to the Colossians*.

36. Lohse, *Colossians and Philemon*; O'Brien, *Colossians, Philemon*, 25.

아의 공동체들 안에서 표어로 많이 사용되었을 것이다.[37] 링컨은 모두가 "철학"이라는 용어를 사용했지만, 거짓 가르침은 지혜의 겉모양만 가지고 있을 뿐이라고 강조한다.[38] 브루스는 11절을 주해하면서, "바울은 골로새 성도들이 지혜뿐 아니라 능력도 함께 받기를 기도한다."[39]라고 말한다. 바울은 고린도후서 3장 6절에서 하나님이 그들의 능력이 되신다고 하는데, 여기서도 그는 이 확신을 반복한다. 골로새 독자들의 능력은 그들로 하여금 하나님을 기쁘시게 하고 시험과 이탈과 반대에 맞서게 할 수 있게 한다고 링컨은 말한다.[40] 13절에서 바울은 이러한 세례 용어 또는 개종 용어를 계속 사용한다. 하나님은 흑암의 권세에서 그들을 건져내셨다(errysato). 바울은 갈라디아서 1장 4절에서는 "이 현재의 악한 세상에서"(중간태는 앞에서 언급했듯이 주어의 행동이 주어에게 긴밀하게 영향을 미칠 때 사용한다) 그들을 구해 내셨다 또는 건져 내셨다(exelētai, 전문용어로 exaireō 곧 to deliver[구해내다] 또는 to rescue[건져내다]의 부정시제 중간태 가정법이다)고 말하는데, 비록 단어는 다르지만 동일한 생각을 담고 있다.

11-13절에서 바울은 동어반복법에 가깝게 어휘를 사용한다. "모든 능력으로 능력을 받아서" 또는 "하나님의 영광의 권능에서 오는 모든 능력으로 강하게 되어서"에서 바울은 헬라어 '디나무메노이(dynamoumenoi, dynamoō의 현재수동태)'를 '카타 토 크라토스 테스 독세스 아우투(kata to kratos tēs doxēs autou, "하나님의 영광의 권능에서 오는")'와 함께 사용하는데, 여기서 '크라토스(kratos)' 역시 힘(권능)이라는 의미를 담고 있다.

"나누어 받을(to share, eis merida)" 또는 "몫을 차지할(to have a share in)"에서 헬

---

37. Deissmann, *Bible Studies*, 42-48.
38. Lincoln, *Colossians*, 592.
39. Bruce with Simpson, *Ephesians and Colossians*, 187.
40. Lincoln, *Colossians*, 593.

라어 '메로스(meros)', 곧 몫 또는 부분은 그들의 유산(klērou)을 의미한다. 이 말의 어원이 되는 '클레로스(Klēros)'에는 제비뽑기할 때 사용되는 돌이나 나무 조각이라는 뜻이 들어 있었다(행8:21). 그런데 나중에는 12절에서처럼 할당된 몫 또는 유산을 의미하게 되었다.[41] 바울은 이방인이 대부분인 그리스도인들에게 그들이 하나님께서 재구성하신 이스라엘로서 막대한 특권을 얻게 되었다는 것을 전하고 싶어 한다. 웨슬리는 "그냥 참아 내는 것이 아니라 기쁨으로 감사하며 끝까지 참아 내라."[42]라고 주해한다. 싱(Synge)은 "끝까지 참음(perseverance)"이 "인내(patience)"보다 더 좋고 더 강하다고 주해한다.[43] 그들의 힘(권능)이 흔들릴지라도 하나님이 일하고 계시기 때문에 그들은 낙담하지 않을 것이다. 바울은 스토아 철학의 따분한 인내를 요구하는 것이 아니라 유쾌한 자신감을 요구한다. 그러나 칼뱅은 이렇게 주석한다. "바울은 그들로 하여금 그들 자신의 약함을 염두에 두게 한다. 왜냐하면 그는 주님의 영광의 힘을 따라 …… 주님의 도우심이 없다면 그들은 강할 수 없을 것이라고 말하고 있기 때문이다."[44]

14절의 "구속"은 구약성경에 깊이 뿌리를 내리고 있는 단어이다(히, *pādāh*, 죄를 사하다 또는 몸값을 지불하다, *peduth*, 속량; *gāʾal*, 죄를 사하다; 헬, *apolutrōsis*, 구속 또는 속량). 그리스도인들이 흑암의 권세로부터 구원받듯이, 이스라엘은 이집트로부터 그리고 예속으로부터 구원받았다. 그리스도인이 하나님의 능력과 그리스도 안에서 하나님의 영광의 권능으로 구원받듯이, 이스라엘은 하나님의 능하신 팔로 구원받았다. 그리스도인이 구원받아 죄 용서와 유산의 몫을 받듯이, 이스라엘은 구원받아 약속받은 땅에서 자유와 새로운 삶을 얻는다. 양쪽 모두에서, 구속

41. Danker, BDAG, 548.
42. Wesley, *Colossians*, 10.
43. F. Synge, *Philippians and Colossians*, 65.
44. Calvin, Philippians, *Colossians, and Thessalonians*, 144.

은 하나님이 값을 치르심으로써 위험한 상태**로부터** 용서와 자유라는 새로운 삶 **으로의** 구속을 의미한다. 이 단어는 또한 노예 생활을 경험한 사람들에게도 익숙한 말이었을 것이다. 그래서 이는 예속으로부터의 해방을 가리키기도 했다.

에베소서 6장 12절 역시 권세들과 권력들, 어둠의 세상 주관자들과 하늘에 있는 악의 영들에 관해 이야기한다. 구약성경은 이러한 적대 세력들을 물리치시는 하나님의 승리를 고대한다. 골로새 그리스도인들은 "악한 세력들에게 굴복하는 세상으로부터 옮겨졌다."[45] 이에 관해 스콧은, 종종 오늘날 우리는 "행성들에서 권좌에 오른 천사의 힘들에 대해서는 이야기하지 않고, 우리가 무기력한 기계 법칙의 세계에 관해서만 이야기한다. …… [그러나] 우리는 자유의 세계에 접근할 수 있다. 하나님은 우리를 저급한 기계의 영역에서 구해내시어 우리를 그분의 아들의 나라에 두셨다."[46]라고 주석한다.

〈묵상을 위한 질문〉

1. 지혜는 지식과 어떻게 다른가? 지혜는 어디에서 설명되는가?

2. 주님 보시기에 가치 있는 삶은 어떤 것인가?

3. '건져내다', '옮기다', '견뎌내다', '빛'이라는 말은 어떤 환경을 제시하는가?

4. '구속'의 세 가지 측면 중에서 가장 쉽게 떠오르는 것은 어떤 것인가?

5. 성령님이 하시는 일에는 어떤 역할이 있는가?

---

45. Scott, Colossians, *Philemon, and Ephesians*, 18.
46. Scott, Colossians, *Philemon, and Ephesians*, 19.

2. 교리:

보편적 주되심과 그리스도의 전적 충분하심(1:15-2:23)

(1) 예수 그리스도의 우월하심과 충분하심(1:15-23)

¹⁵그 아들은 보이지 않는 하나님의 형상이시요, 모든 피조물보다 먼저 나신 분이십니다. ¹⁶이는 그분 안에서 만물이 창조되었기 때문입니다. 하늘에 있는 것들과 땅에 있는 것들, 보이는 것들과 보이지 않는 것들, 왕권이나 주권이나 권력이나 권세나 할 것 없이, 모든 것이 그분으로 말미암아 창조되었고, 그분을 위하여 창조되었습니다. ¹⁷그분은 만물보다 먼저 계시고, 만물은 그분 안에서 일관된 초점을 이룹니다. ¹⁸그분은 교회라는 몸의 머리십니다. 그분은 근원이시며, 죽은 사람들 가운데서 제일 먼저 살아나신 분이십니다. 이는 그분이 만물 가운데서 으뜸이 되시기 위함입니다. ¹⁹하나님께서는 그분 안에 모든 충만함을 머무르게 하시기를 기뻐하시고, ²⁰그분의 십자가의 피로 말미암아 평화를 이루셔서, 그분으로 말미암아 만물을, 곧 땅에 있는 것들이나 하늘에 있는 것들이나 다 자기와 기꺼이 화해시키셨습니다. ²¹전에 여러분은 악한 행실을 일삼아 하나님으로부터 소외된 상태에 있었고, 마음으로 하나님과 원수가 되어 있었습니다. ²²그러나 지금은 하나님께서 여러분을 거룩하고 흠이 없고 책망할 것이 없는 사람으로 그분 앞에 내세우시기 위하여 그리스도의 죽으심을 통하여 그분의 육신의 몸으로 여러분과 화해하셨습니다. ²³그러므로

여러분은 믿음에 튼튼히 터를 잡아 굳건히 서 있어야 하며, 여러분이 들은 복음의 소망에서 떠나지 말아야 합니다. 이 복음은 하늘 아래 있는 모든 피조물에게 전파되었으며, 나 바울은 이 복음의 일꾼이 되었습니다.[1]

링컨은 이렇게 말한다. "그리스도는 비할 데 없는 능력으로 볼 수 없는 하나님을 볼 수 있게 하시는 분이시다."[2] 1장 15-20절은 바울 서신 전체에서 그리스도가 어떤 분이신지에 관해 최상의 개념을 제시하는데, 이런 점에서 요한의 저작과 비교할 만하다고 많은 사람들이 말한다. 또 어떤 저자들은 이 구절들을 창조와 구속의 역사에서 그리스도가 지니신 우월하심과 전적 충분하심을 표현하는, 바울 이전의 찬송 또는 신조로 간주한다. 후자의 가설을 지지하는 사람들은 주로 이 구절들에서만 볼 수 있는 독특한 양식과 흔하지 않은 어휘를 그 근거로 제시한다. NJB는 1장 15-20절을 운문으로 표시한다. 그러나 NRSV와 NIV는 이 구절들을 산문으로 표시한다.

제임스 로빈슨(James Robinson)은 1장 15-20절이 운문 형식이라고 강력하게 주장한다.[3] 에른스트 케제만(Ernst Käsemann)은 오래전인 1949년에 이 구절들은 누가의 영향을 받았으며, 찬송의 성격을 취하고 있다고 주장했다.[4] 많은 주석가가 운문의 성격을 가지고 있는 이 신조는 바울 이전에 널리 퍼져 있던 형식이라고

---

1. 본문 주: UBS 위원회에 따르면, 22절의 필사본 독해들은 "난해하다"(Metzger, *A Textual Commentary*, 554-55). 헬라어 *apokatēllaxen*(그가 화해시키셨다)은 Ҏ46, Sinaiticus, A, C, D의 지지를 받는다. 그러나 왜 다른 독해들(예를 들어, B)이 나타나는지(B는 명령법으로 독해한다. "be reconciled[화목하게 지내라]"), 왜 수동태가 이상한지 설명하는 데 어려움을 겪는다. 라이트푸트(Lightfoot)는 B(Vaticanus)를 따른다. 그렇지만 그 번역위원회의 다수는 그 독해를 유지하는 쪽을 선호하지만, "높은 수준의 의심을" 함께 가지고 있다.

2. Lincoln, *Colossians*, 597.

3. Robinson, "A Formal Analysis of Colossians 1:15-20". 또한 Hammerton-Kelly, *Pre-existence, Wisdom, and the Son of Man*, 168-74를 참고하라.

4. Käsemann, "A Primitive Christian Baptismal Liturgy."

확신한다. 브루스(F. F. Bruce)와 헌터(A. M. Hunter)도 그렇게 확신하는 주석가들에 속하는데, 이 두 저자는 고린도전서 8장 1-4절도 바울 이전의 것으로 간주한다.[5] 이들은 골로새서 1장 15-20절에 영향을 준 구약의 본문들(예를 들어, 잠8:22-31)을 히브리서 1장 2-4절과 요한복음 1장 1-4절의 평행 본문들과 함께 인용한다.

그렇지만 스캇 맥나이트(Scot McKnight)는, 특별히 매튜 고들리(Matthew Gordley)의 저작에 비추어, 보다 조심스러운 자세를 취한다.[6] 고들리는 고대 찬송의 고전적 형식에서 파생된 뚜렷한 상이점 네 가지를 인용하다. 그것은 일관된 운율(보격)의 결여, 기원(祈願)의 결여, 청원 또는 요청의 결여, 그리고 서신의 현재 위치이다.[7] 맥나이트는 반대쪽 주장들을 인용하여 이와 균형을 맞추는데, 초기 그리스도인들이 집단적 노래를 사용하는 경향이 있었다는 주장도 여기에 포함된다. 맥나이트는 이렇게 강조한다. "가장 이른 시기의 그리스도인들은 다른 사람들과 함께 노래를 불렀다."(고전14:26; 골3:16; 엡5:19-20; 계4:11; 5:9-10; 15:3-4)[8] 물론 이것은 골로새서 1장 15-20절이 그러한 노래들 가운데 하나를 담고 있다는 의미는 아니다. 따라서 맥나이트는 바울이 초기 그리스도인들의 자료를 사용했지만 그것에 변조를 가했는지의 여부에 대해서는 유보하고 여지를 남겨 둔다.

이상한 것은 많은 사람들이 좀 더 이른 시기, 곧 바울 **이전** 시기를 주장하지만, 동시에 다른 많은 사람들은 성육신과 심지어 그리스도의 신성까지 주장하는 그리스도론을 바울 **이후**에 발전한 것으로 간주한다는 사실이다. 하나의 자료가 바울 이전의 것인 동시에 바울 이후의 것일 수는 절대로 없다! 빌립보서 2장 5-11절의 평행구를 검토하고 나서, 랠프 마틴(Ralph Martin)은 고(高)그리스도론

---

5. Bruce, *Colossians*, 192-94; Hunter, *Paul and His Predecessors*.

6. McKnight, *Letter to the Colossians*, 132-38.

7. Gordley, *The Colossian Hymn in Context*; and Gordley, *Teaching through Song in Antiquity*.

8. McKnight, *Letter to the Colossians*, 135.

이 후대의 텍스트임을 나타내는 지표로 채택되어서는 안 된다고 주장한다. 예수 이후 아주 초기부터 고그리스도론이 존재했다는 주장을 옹호하는 경향이 신약학자들 사이에서 점점 늘어나고 있다.[9] 다수가 예수 이후 매우 이른 시기부터 고그리스도론이 존재했다는 주장을 지지한다.[10] 따라서 골로새서 1장 15-22절의 신학은 이 자료를 바울 이후의 것으로 보아야 한다는 어떠한 강력한 근거도 제공하지 않으며, 그리고 분명히 가능하기는 하지만, 우리가 이 신학의 기원을 바울 이전의 것이라고 주장할 수 있는 확실한 근거도 없다.

보이지 않는 하나님의 형상(15절)은 하나님을 볼 수 있게 하고, 또한 하나님을 확실하게 느낄 수 있게 한다. 예수님을 보는 사람은 하나님을 본 것이다(요 14:9). 요한복음 1장 18절은 하나님을 본 사람은 아무도 없지만, 아들이 하나님을 알려 주셨다고 단언한다. 로마서 1장 20절 역시 하나님은 보이지 않지만, 그분이 지으신 만물을 보고 인식할 수 있다고 선언한다. 고린도후서 4장 4-6절에서 하나님은 그분의 영광의 복음의 빛을 예수 그리스도의 얼굴에서 빛나게 하셨다. 히브리서 1장 3절도 비슷하게 그리스도를 "하나님의 영광의 광채"이자 하나님의 본체의 가장 정확한 모습으로 묘사한다. 15절에서 "먼저 나신(first-born, prōtotokos)"은 그리스도를 모든 피조물보다 위에 계시는 분으로 이야기하는 바로 앞서 인용한 다섯 구절들에서처럼, 그리스도가 우주적 의미에서 첫 번째 자리를 차지하고 계신다는 의미이다. "먼저 나신(first-born)"이 '먼저 창조되신(first-created)'이 아니라 '지위에서 첫째(first in status)'를 의미한다는 것은 1장 16절에서도 제시되는데, 이 구절은 "**왜냐하면** 그분으로 말미암아 만물이 창조되었기 **때문이다**(For by him all things were created)."라고 읽을 수 있다. 1장 16절에서 "왜냐하

9. Hurtado, *Lord Jesus Christ*; Hurtado, *One God, One Lord*; Bauckham, *God Crucified*; and Fletcher-Louis, *Jesus Monotheism*.
10. Martin, *Carmen Christi*.

면(for)"은 그 뒤에 따라 나오는 내용이 1장 15절의 그리스도는 먼저 나신 분이라는 주장을 지지하기 위해서 제시된 것임을 보여 준다. 그러나 "먼저 나신"이 문자적으로 먼저 창조되셨다는 것을 의미한다면, 이것을 모든 피조물이 그리스도를 통해서 창조되었다는 주장으로 지지한다는 것은 이상해 보인다. (왜냐하면 그리스도도 "창조된" 만물 가운데 하나일 것이기 때문이다.) 하지만 "먼저 나신"이 '지위에서 첫째'를 의미한다면, 이 주장은 만물이 그리스도를 통하여 창조되었다는 주장에 의해 지지받을 것이다.

고성육신(high, incarnational) 그리스도론은 골로새 교회 성도들에게 전혀 이상한 것이 아니었다. 몰턴(Moulton)과 밀리건(Milligan), 그리고 다이스만(Deissmann)도 "먼저 나신"이라는 말을 비문(碑文)과 파피루스에서 발견한다.[11] 하지만 이 말을 아리우스처럼 사용해서는 안 된다. 아리우스는 그리스도는 모든 피조물과 동일한 피조물이라고 주장하고자 이 말을 사용했다. 강조점은 "먼저(first, prōtos)"라는 비교급 또는 최상급에 있다. '영지주의'라는 거짓 '철학'의 주장과는 달리, 그리스도는 하나님의 정확한 형상이시며, 하나님을 아는 진정한 지식이 위치한 곳이시다. "먼저 나신"은 또한 다윗의 후손으로 오시는 왕에 관해 말하는 시편 89편 27절을 되울린다. 그리스도는 만물에 앞서 계시는 분이시다.

어떤 사람들은 이 구절이 알렉산드리아의 로고스 개념, 곧 하나님의 존재 안에서 처음부터 존재하셨던 말씀, 하나님이 우주를 창조하시는 통로가 되신 말씀을 반영한다고 본다. 그러나 유사점들이 있다고 해서 그것이 곧 원인이나 기원을 증명하는 것은 아니다. 바울은 동료 일꾼인 아볼로를 통해서든 또는 당시 회자되고 있던 사상을 통해서든 알렉산드리아 사상과 접촉했을 수도 있다. 고

---

11. Moulton and Milligan, *Vocabulary of the New Testament*, 557; Deissmann, *Light from the Ancient East*, 88.

린도전서 8장 6절은 얼마나 이른 시기에 바울이 하나님에 관해 그러한 사상을 형성했는지를 보여 준다. 바울은 분명히 골로새 교회 안에 침투한 거짓 교사들의 오류에 직면해서 자신의 사상을 발전시켰을 것이다. 그리스도는 구원을 위해서만이 아니라 우주와 관련해서도 중요한 분이시다.

바울은 이미 고린도후서 4장 4절에서 그리스도를 하나님의 형상 또는 모습으로 묘사했다. 마찬가지로 고린도전서 11장 7절에서도 그리스도는 "하나님의 형상과 영광"이시다. "하나님의 형상"이라는 개념은 창세기 1장 26-27절을 반영하는데, 여기서 하나님은 나머지 피조세계에 그분의 성품을 보여 주시기 위해 그분의 형상으로 사람을 창조하셨다. 고대 세계에서 이교도 사원들은 그들의 신들에 대한 무언가를 나타내기 위해 정기적으로 그 신들의 형상들을 제시하였다. 이스라엘에게는 하나님의 형상을 단순한 대상으로 깎아 만드는 것이 금지되었다. 왜냐하면 하나님의 형상이 되는 것은 이스라엘의 특별한 소명이었기 때문이다(비록 이스라엘이 하나님의 성품을 합당하게 나타내지 못했지만 말이다). 그러나 골로새서 1장 15-20절에서 그리스도는 또한 아담이나 이스라엘처럼 단순히 창조된 형상이 아니라 창조에 **앞선** 존재이시다. 하나님의 참된 형상은 오직 그리스도 안에서만 볼 수 있었다.

러시아 정교회 신학자 블라디미르 로스키(Vladimir Lossky)는 하나님의 형상을 드러내는 것은 사람들이 보유한 자연스러운 능력이 아니라 그리스도 안에서 회복됨으로써 오직 은혜로만 얻을 수 있는 것이라고 주장한다.[12] 이러한 로스키의 접근법을 어떻게 이해해야 할까? 우리는 다음과 같은 더글러스 무(Douglas Moo)의 진술에 동의할 수 있을 것이다. "골로새서 3장 10절에서 …… 바울은 '새로

---

12. Lossky, *In the Image and Likeness of God*, 155; and Lossky, *The Mystical Theology of the Eastern Church*, 117.

운 자아'는 그것을 만드신 창조주의 형상 안에 있는 지식 안에서 새롭게 된다고 말한다."[13] 골로새서 3장 10절에서 새로운 신자는 그가 목표로 하는 하나님의 형상 안에서 새롭게 된다.

링컨은 이렇게 말한다. "고린도전서 15장 49절과 고린도후서 4장 4절에서 바울은 부활하시고 승천하신 그리스도를 가리켜 '형상(eikōn)'이라는 용어를 사용했는데, 이제 그리스도는 마지막 아담으로서 하나님이 항상 의도하셨던 대로 인류를 대표하신다."[14] 또한 링컨은 "먼저 나신"은 그리스도가 "하나님의 행위에서 첫째(the first)"이심을 보여 주는데 반해, 잠언에서는 지혜(Wisdom)를 하나님의 일의 시작으로, 심지어 필로(Philo)에서도 지혜를 "먼저 난 것(firstborn)"으로 말한다고 지적한다.[15] 버니(Burney), 데이비스(Davies), 케어드(Caird), 라이트(Wright), 그리고 링컨은 구약성경이 이 찬송에 미친 영향을 강조한다.[16] 칼뱅은, "먼저 나신"은 시간에 있어서 그리스도의 우선하심(다시 말해, 모든 피조물에 앞서 계심)을 정립할 뿐만 아니라, 또한 "그리스도는 성부 하나님에 의해서 태어나셨고, 만물은 그리스도에 의해 창조되었고, 그리고 그리스도는 실로 만물의 본질이자 기초이시기 때문에" 이 용어가 사용된 것이라고 지적한다.[17]

16절에서 "만물"은, 요한복음 1장 3절과 히브리서 1장 2절에서도 말하고 있듯이, 그리스도 안에서 창조되었다(ektisthē). 이 구절은 "모든 피조물보다 먼저 나신 이"에게서 창조된 것이 무엇인지를 상술한다. "만물"은 당시에 잘 알려진

---

13. Moo, *Letters to Colossians and to Philemon*, 117.

14. Lincoln, *Colossians*, 597.

15. Lincoln, *Colossians*, 597.

16. Burney, "Christ as the Archē of Creation"; Davies, *Paul and Rabbinic Judaism*, 150-52; Caird, *Letters from Prison*, 175; Wright, "Poetry and Theology in Colossians 1:15-20"; Lincoln, *Colossians*, 604.

17. Calvin, *Philippians, Colossians, and Thessalonians, 150.*

'우주'를 가리키는 철학 용어였는데, 바울은 이 용어를 로마서 11장 35-36절에서도 사용한다. 맥나이트는 주해하기를, "눈에 띄는 주제는 '모든(all)'이라는 단어이다(1:15, 16[2회], 17[2회], 18, 19, 20). 이 용어에는 아들에게서 구체화된 주되심과 구속의 우주적이고 보편적인 범위가 담겨 있을 뿐만 아니라, 사도가 그의 선교에서 유대인과 이방인, 노예와 자유민, 남자와 여자의 화해에 대해 가지는 본질적인 관심까지 담겨 있다."[18]라고 했다. 하나님의 창조 행위 전체가 그리스도 안에 집약되는데, 여기에는 천사와 같은 하늘의 존재들과 고관이든 평민이든 땅의 존재들의 창조가 모두 포함된다. 만물은 그리스도를 통하여 그 단일성(unity)과 의미를 가진다. 바울이 언급한 하늘의 존재에는 네 가지 부류가 있다. 그것은 "왕권(thronoi)", "주권(kyriotētes)", "권력(archai)", 그리고 "권세(exousiai)"이다. 서로 구별되는 이런 종류의 존재들은 정확히 무엇을 뜻할까?

마리안 메이 톰슨(Marianne Meye Thompson)은 "권세들과 권력들"에 대해 보충해서 설명한다. 톰슨은 이렇게 말한다. "유감스럽게도 바울은 이런 무리 가운데 어떤 것에 대해서도 정확한 정체를 자세하게 설명하지 않는다. 이는 바울이 그가 말하는 이런 종류의 존재들을 그의 독자들이 알고 있으리라 생각했기 때문일 것이다. …… 권세들과 권력들은 실재하는 존재들이다. …… 그들은 우리가 마주하는 볼 수 있고 만질 수 있는 실체들, 곧 사람들, 나라들, 그리고 제도들이다. 또한 그들은 막강하다."[19]

16절에서 바울은 '크티조(ktizō, 창조하다)'를 과거에 하나님이 행하신 명확한 창조 행위를 나타내기 위해서 부정시제(ektisthē)로도 사용하고, 또 하나님의 피조물로서 '창조된 상태로 남아 있음'을 의미하는 완료시제(ektistai)로도 사용한다.

---

18. McKnight, *Letter to the Colossians*, 137.
19. Thompson, *Colossians and Philemon*, 34; cf. 36-39.

따라서 창조세계의 기원과 영속성은 모두 그리스도에게 귀속된다.

바울에게서 그리스도는 창조세계를 중재하고 보존하는 주체이시다. 우주는 그분으로 **말미암아**(dia) 존재하지만, 그것은 또한 "그분**에게로**(kai eis auton)" 존재한다. 그리고 그분 안에서 만물은 "존속한다"(17절). 다시 말해, 그리스도는 하나님이 만물을 창조하시는 목적이요 통로이시다. 곧 그리스도는 창조세계의 기원이요 경로이시다. 그리고 그리스도를 통해 하나님은 창조세계를 보존하신다.

실비아 키즈마트(Sylvia Keesmaat)는 이렇게 주장한다. "골로새 성도들이 로마 제국이라는 상황에 던지는 도전은 강력한 창조 신학에 전적으로 뿌리 내리고 있다. 바울은 자신을 '하늘 아래에 있는 모든 피조물에게 선포된'(1:23) 복음의 종이라고 표현한다."[20] 이것은 1장 15-20절의 찬송에 뒤따라 나오는데, 이 찬송에서 바울은 하늘과 땅에 있는 만물이 그리스도 안에서, 그리스도로 말미암아, 그리고 그리스도를 위하여 창조되었다고 분명하게 말한다.

19-20절에서 바울은 또한 성육신과 구속의 맥락에서 "그분 안에서(in)", "그분으로 말미암아(through)", "그분에게(to)"라는 표현을 한데 모은다. 이것은 완전히 새로운 것은 아니다. 다만 다른 곳에서는 '~로부터(from)'가 하나님에게만 적용된다. 로마서 11장 36절도 또 다른 면에서 유사하다. "이는 만물이 주에게서 나오고 주로 말미암고 주에게로 돌아감이라. 그에게 영광이 세세에 있을지어다." 그리스도는 중재하시는 창조자이시고(우주는 그분으로 **말미암아** 창조되었다), 하나님은 우주의 궁극적 근원이시다(우주는 하나님께**로부터** 나온다). 로버트슨(A. T. Robertson)은 고린도전서 8장 6절에서도 이와 동일하게 구분한다고 지적한다. "우리에게는 한 분 하나님 곧 아버지가 계시니 만물이 **그에게서** 났고, 한 분 주 예수 그리스도께서 계시니 만물이 **그로 말미암고** 우리도 그로 말미암아 있느니

---

20. Keesmaat, "Colossians," 122.

라." 이런 점에서 창조와 구원은 상응한다. 둘 다 하나님**께로부터** 나오고, 둘 다 그리스도로 **말미암는다**. 따라서 그리스도는 창조와 구원 모두에서 중재자이시다. 마틴은 이렇게 말한다. "다른 어떤 유대인 사상가도 지혜가 모든 창조의 궁극적 목표라는 것을 예측하는 정도의 높은 수준에 감히 이르지 못했다."[21]

스토아 철학자들이 유사한 언어를 사용했다는 것은 역사적으로나 언어학적으로 흥미로운 주제이다. 마르쿠스 아우렐리우스 황제는 말하기를, "오 자연이여 …… 모든 것은 당신에게서 비롯되고, 당신의 내면에 존재하며, 당신에게로 돌아가게 된다."[22]라고 했다. 그러나 오브라이언과 브루스가 지적했듯이, 언어의 유사성이 반드시 의미의 일치성을 의미하는 것은 아니다. 바울의 어휘를 생각나게 하는 것들이 구약성경에도 이미 많이 들어 있다. 창세기 1장, 잠언 8장, 그리고 유대의 지혜 문학의 텍스트들이 이에 해당한다. 스콧은 이렇게 말한다. "그것은[바울의 어휘는] 계시록의 기자가 그리스도를 알파와 오메가라 부르면서 표현하는 사상과 동일한 사상을 담고 있다."[23] 맥나이트는 "유대의 지혜 전통이 이 찬송에 들어 있는 그리스도론의 전부를 설명하지는 않지만, 그리스도의 의미를 역사에 대한 하나님의 계획에서 이해하려는 사도들의 해석학의 규모를 생각해 볼 수 있는 맥락을 제시한다."[24]라고 말한다.

로제는 17절의 헬라어 '시네스테켄(*synestēken*)'(완료시제)을 16절에 있는 혼합시제와는 대조적으로 '서 있다(are established)'라는 의미로 해석한다(즉 "그분 안에

21. Martin, *Colossians*, 58.
22. Marcus Aurelius, *Meditations*, 4.23; O'Brien, *Colossians*, 45; Lohse, *Colossians and Philemon*, 49; Norden, *Agnostos Theos*.
23. Scott, *Colossians, Philemon, and Ephesians*, 22.
24. McKnight, *Letter to the Colossians*, 143. Cf. Bauckham "Where is Wisdom to be Found? (Colossians 1:15–20.)"

서 만물이 서 있다[in him all things are established]").[25] 그러나 이 동사는 "일관된 상태에 있다"라는 의미이다. 집회서 43장 26절과 필로(*Quis rerum divinarum heres,* 23.188)에서는 이것이 '보존하다(hold together)'를 의미하며, NJB도 이 의미를 채택한다. 헬라파 유대 회당들도 창조와 관련하여 이러한 언어를 사용했다. 로제는 "하나로 묶는 결합(the unifying bond)"이라는 어구를 제시한다.[26] 댄커는 "조직된 방식으로 존재하게 하다", "한데 모으다", "일관된 조건에 있다"라는 표현들을 열거한다.[27] 던은 이것을 "우주를 보존하다"로 해석한다.[28] 이 책에서는 "일관된 초점을 이루다"라는 번역을 제안한다. 해리스는 다음과 같이 바르게 주해한다. "그리스도가 창조하시고, 그것을 영구적 질서, 안정성, 그리고 생산성 안에서 유지하신다. 그분은 전 우주의 …… 단일성과 …… 일관성의 근원이시다."[29]

"그분은 교회라는 몸의 머리이시다"(18절)에서 "머리(*kephalē*)"는 일차적으로 신체를 의미하는 것으로 사용되지 않고 '통치자'라는 의미로 사용된다. 그리고 그리스도는 교회의 머리이실 뿐 아니라 우주의 머리이시다.[30] 히브리어 '로쉬(*r'sh,* 머리)'도 신체의 머리를 의미할 수도 있고, 특히 우두머리 또는 정상(topmost)을 의미할 수도 있다.[31] 이어지는 목적절인 "이는 그분이 만물 가운데서 으뜸이 되시기 위함이다(*hina gentai en pasin autos prōteuōn*)"에서, 헬라어 '프로튜온(*prōteuōn*)'은 한 집단에서 가장 높은 지위를 차지하거나 으뜸이 된다는 뜻이다.[32] 로제는 플라톤, 스토아학파, 필로를 포함한 헬레니즘 출처들로부터 수많은 역

---

25. Lohse, *Colossians and Philemon,* 49.
26. Lohse, *Colossians and Philemon,* 52.
27. Danker, BDAG, 973.
28. Dunn, *Colossians and Philemon,* 94.
29. Harris, *Colossians and Philemon,* 47.
30. Schweizer, "sōma"; and Bedale, "The Meaning of kephalē in the Pauline Epistles."
31. Brown, Driver, Briggs, *The New BDB Hebrew and English Lexicon,* 910-11.
32. Danker, BDAG, 892.

사적, 언어학적 유사점들을 제시한다.[33] 그러나 바울은 이미 고린도전서 12장 12-27절과 로마서 12장 4-5절에서 교회를 위한 그리스도의 몸이라는 이미지로 상세히 설명했다. 칼뱅은 이렇게 말한다. "그리스도만이 교회를 통치할 수 있는 권한을 가지고 계시다. …… 몸의 일치는 오직 [그리스도에게만] 달려 있다."[34]

몸이라는 이미지는 정치 또는 사회 집단의 공동생활과 상호의존성에 관한 친숙한 본보기이다. 메네니우스 아그리파(Menenius Agrippa)는 로마에 반역하는 노동자들에게 귀족들에게 대항하지 말라고 설득하면서, 몸의 이미지를 사용하여 몸의 일부를 굶기면 전신에 재앙을 가져올 것이라고 말했다.

브루스는 바울이 몸의 이미지를 사용할 때 이를 스토아 철학에서 가져왔을 가능성은 적다고 말한다. 그리고 사실상 로빈슨은 바울이 몸의 이미지를 사용하는 것은 아마도 그의 회심 경험에서 비롯되었을 것이라고 제안한다.[35] 브루스는 바울이 아담에 관한 랍비의 추론에서 영감을 얻었을지도 모른다고 제안한다.[36] 어쨌든 브루스는 이렇게 결론을 내린다. "우리가 교회를 그리스도의 몸이라고 말할 때, 우리는 교회를 그리스도가 함께하심으로써 그리고 그리스도의 부활의 삶이 있음으로써 생명을 가지게 되는 것으로 생각한다."[37] 손턴(Thornton)은 이것을 요한복음 15장에 나오는 포도나무라는 살아 있는 유기체의 이미지와 비교한다.[38]

그리스도는 또한 "근원(hē archē)"이시기도 하다는 18절의 표현은 그리스도의 선재하심을 암시한다. 더 나아가 그리스도는 "모든 피조물보다 먼저 나신

33. Lohse, *Colossians*, 53-55.
34. Calvin, *Philippians, Colossians, and Thessalonians*, 152.
35. Bruce, *Colossians*, 203; Robinson, *The Body*, 78-79.
36. Bruce, *Colossians*, 203.
37. Bruce, *Colossians*, 204.
38. Thornton, *The Common Life in the Body of Christ*, 144.

분"(15절)이시다. 뿐만 아니라 그분은 "죽은 사람들 가운데서 제일 먼저 살아나신 분"(18절)이시다(평행구에 주의하라). 말하자면, 그리스도는 **새로운** 창조세계의 처음 나신 분으로, 이 세계는 그리스도의 부활이 시작을 알리고 예시가 되는 세계이다. 칼뱅은 "부활 안에 만물의 회복이 있다."[39]라고 설명한다. 따라서 이제 그리스도는 이 창조세계(그분을 통하여 그리고 그분을 위하여 만들어진)와 그리고 새로운 창조세계(그분의 부활이 만들어낸) 모두에서 우월하신 분이시다.

사실 부활 그 자체가 하나님의 원래의 창조 행위에서 그리스도의 역할이라는 후속 인식에 영감을 주었음은 거의 틀림없다. 링컨은 다음과 같은 견해를 피력한다. "하나님이 예수님을 죽음에서 일으키셨다는 믿음이나 그리스도의 살아계심에 대한 어떤 경험이 없다면, 예수님을 유대인 예언자, 현자, 사회 혁명가, 또는 치료자 이상의 존재로 생각할 동기는 거의 존재하지 않는다."[40] 그러나 부활로 인한 빛 안에서 그리스도의 우주적 의미가 새롭고도 심오하게 밝혀졌다.

19절의 헬라어에는 '하나님'이라는 말이 명시되어 있지 않다. 그러나 로제는 다음과 같이 올바르게 주해한다. "헬라어 본문은 '하나님'이 주어로 보충되는 것을 허용한다. …… '하나님은 그분 안에 모든 충만함을 머무르게 하시기를 기뻐하셨다.' 이렇게 하면 뒤따라 나오는 분사 구문 '그분(하나님)이 평화를 이루셨다'와 부드럽게 연결된다."[41] 또 그는 이렇게 덧붙인다. "'모든 충만함'이라는 말은 하나님의 완전한 충만하심 …… 신성의 온전한 충만하심만을 의미할 뿐이다. 그 이상의 다른 의미는 없다."[42] N. T. 라이트도 이에 동의한다.[43]

"충만함"이라는 말은, 바울이 골로새 성도들에게 거짓 교사들과 그들의 '철

---

39. Calvin. *Philippians, Colossians, and Thessalonians*, 153.
40. Lincoln, *Colossians*, 607.
41. Lohse, *Colossians*, 56.
42. Lohse, *Colossians*, 57.
43. Wright, *Colossians and Philemon*, 80.

학'에 이끌려 부패해서는 안 된다고 경고할 때 그가 언급했던 사람들이 사용한 말임이 거의 확실하다. 그들이 '영지주의자들'이었다면, (그들에게) "충만함"은 하나님과 세상 사이의 유출(emanation)을 의미했을 것이다. 그들은 중재자들이 존재한다고 주장했지만, 바울은 **오직 그리스도만이** 하나님과 세상 사이를 중재하신다고 강조한다. 해리스는 "충만함"은 비인격적인 의미로 이해될 수도 있고(로제와 휘브너와 같이), 인격적인 의미로 "그분의 모든 충만하심에 거하시는 하나님"(마울, 라이트, 오브라이언과 같이)을 의미할 수도 있다고 지적한다.[44] 해리스는 후자를 주장한다.[45] 던은 더 깊이 들어가서, "세상을 채우는 하나님 또는 하나님의 영이라는 생각은 스토아 사상에서 세상에 스며드는 신적 합리성을 표현하는 또 하나의 방식이다."라고 말한다.[46] 그럼에도 불구하고 던은 지혜 문학 안에 있는 이 사상의 히브리적 기원이 스토아 사상과 공명한다고 주장한다. 링컨은 바울의 경우에는 우리가 창조에서 완성에 이르기까지 그리스도에 대한 거대한 내러티브를 가졌다고 인정하지만, 오늘날 많은 포스트모더니스트들은 '거대 내러티브들'을 의심의 눈초리로 바라본다고 지적한다.[47] 그래서 그는 우리에게 그리스도에 관한 이 찬송의 운문 형식을 기억하라고 권고한다. 다른 한편으로 우리는 J-F 리오타르 같은 포스트모더니스트들이 '거대 내러티브들'의 역할을 비판하는 의미에 대해서 의문을 제기할 수도 있다. 성경이 제시하는 종류의 메타내러티브들은 포스트모더니스트들이 제시하는 반론들과 거의 충돌하지 않는다.

바울은 20절에서 하나님이 만물을 그분과 화해시키는 것(katallassō)이 그분의 뜻이요 기쁨이라고 계속해서 말한다. 바울은 하나님으로부터 떨어져 나간

---

44. Hübner, "Plērōma"; Moule, *Colossians and Philemon*, 70-71.
45. Harris, *Colossians and Philemon*, 49; Wright, *Colossians and Philemon*, 79.
46. Dunn, *Colossians and Philemon*, 99.
47. Lincoln, *Colossians*, 609.

죄인들의 소외 상황 또는 심지어 하나님을 향한 적대감에 대해서까지 그것들의 역전을 담아내기 위해 하나님과의 "화해"라는 단어를 도입하는데, 여기서 그의 천재성의 일면이 드러난다. '화해'를 뜻하는 헬라어 명사는 단절되거나 망가진 관계를 다시 세운다는 뜻을 내포하는데 반해, 동사에는 '우애 관계와 적대 의식을 맞바꾸다'라는 뜻이 담겨 있다.[48] 많은 신학 용어들이 구약성경의 용례에 대한 지식을 요구하지만, 이 용어만큼은 그때나 지금이나 세속 세계에 완전히 익숙한 것으로 남아 있다. 바울은 복합 동사(apo+kata) '아포카탈락사이(apokatallaxai)'를 사용하는데, 이 동사는 여기서만 나타난다. 로버트슨은 이 복합 동사가 완전한 화해를 가리킨다고 말한다.[49]

이 단어는 남편과 아내, 부모와 자녀, 전쟁이나 평화 중에 있는 민족 또는 국가, 고용주와 피고용인 사이의 노사 관계, 그밖에 일상생활에서 나타나는 불화 또는 조화의 관계를 나타낸다. 이 주제에 대한 바울의 고전적인 구절은 로마서 5장 12절이다. 곧 "우리가 원수 되었을 때에 그의 아들의 죽으심으로 말미암아 하나님과 화목하게 되었은즉 화목하게 된 자로서는 더욱 그의 살아나심으로 말미암아 구원을 받을 것이니라"이다. (로마서 5장 1절에서 바울은 "하나님과 화평"이라고 말하는데, 이것은 하나님과의 화해를 표현하는 또 하나의 방식이다.) 바울은 또한 로마서 5장 10-11절과 11-15절, 그리고 (남편과 아내에 관한) 고린도전서 7장 11절에서도 이 단어를 사용한다. 고린도후서 5장 18-19절에서 화해의 의미는 완전히 투명한데, 여기서 바울은 자신의 복음 사역을 "화해의 사역"이라고 말한다. 고린도후서 5장 20절의 "너희는 하나님과 화목하라"는 메시지도 분명하다. 바울은 네 개의 주요 서신서 외에 이곳 골로새서에서도 이렇게 말한다. "하나님께서는 만물을 그분과

---

48. Danker, BDAG, 521.

49. A. T. Robertson, *Word Pictures in the New Testament*, vol. 4, 481.

화해시키시기를 기뻐하셨다."

20세기 초에 제임스 데니(James Denney)는 이렇게 주장했다. 화해는 "끝마친 일이며, …… 우리 밖에서 이루어진 일이다. 하나님께서 그리스도 안에서 그렇게 세상의 죄를 다루심으로써 더 이상 죄가 그분과 인간 사이에서 장벽이 되지 않게 하셨다."[50] 데니는, 비록 성령을 통해서 화해가 삶에서도 이루어져야 하지만, 대속의 측면에서 화해가 지닌 종결적 성격을 바르게 강조한다. 바울은 "하나님께서 그리스도 안에 계시사 세상을 자기와 화목하게 하시며"(고후5:19)라고 우리에게 말한 뒤에 이렇게 촉구한다. "우리가 그리스도를 대신하여 간청하노니 너희는 하나님과 화목하라"(고후5:20).

골로새서 1장 20절에 있는 만물의 화해에 관한 언어는 하나님과의 화해가 보편적인 것인지, 곧 모든 사람을 위한 화해인지 의문을 불러일으킨다. 바울의 언어는 땅에 있는 모든 것과 하늘에 있는 모든 것을 이야기하는 언어를 사용함으로써 사실상 우주를 포괄한다. 웨슬리는 "하늘에 있는 것들"은 "이제 낙원에 있는 사람들, 그리스도가 오시기 전에 죽은 성도들"을 의미한다고 생각했다.[51] 그러나 바울의 말은 타락한 천사들과 사악한 존재들까지 포함하는 것으로 보인다. 칼뱅은 "하늘에 있는 것들"은 아마도 그리스도를 통한 화해를 필요로 하는 천사와 같은 존재들을 가리킨다고 주장한다. 왜냐하면 천사들이라 하더라도 하나님을 거역하는 죄를 지을 수 있기 때문이다.[52]

그래서 타락한 천사들도 화해하게 된다는 것인가? 이에 관해 브루스는 이렇게 주해한다. "평범한 의미에서 화해라는 개념을 타락한 천사들에게 적용하는 것은 성경(바울의 글을 포함해)의 전체 비유와는 반대되는 것이다. …… 2장 15절에

---

50. Denney, *The Death of Christ*, 145.

51. Wesley, *Colossians*, 14.

52. Calvin, *Philippians, Colossians, and Thessalonians*, 156.

서 그리스도에 의해 정복된 것으로 묘사된 권세들과 권력들은 분명히 그분의 은총에 기꺼이 굴복하는 것으로 묘사되지 않고, 그들의 의지에 반하여 그들이 저항할 수 없는 힘에 복종하는 것으로 묘사된다."[53] 오브라이언은 브루스의 접근법을 설명하기 위해 "평화조약(pacification)"이라는 단어를 사용한다.[54]

브루스와 오브라이언의 입장에는 강점이 있지만, 몇 가지 문제점도 있다. 화해에 대한 바울의 이해는 "평화를 이루셔서(eirēnopoiēsas)"라는 표현을 덧붙임으로써 명확해진다. 이 동사는 흔하지 않은 단어로, 신약성경에서도 이곳에서만 사용된다. 비록 에베소서 2장 15절에서 두 개의 개별 단어(poiōn eirēnēn)로 "평화를 이루었다"라는 말이 있기는 하지만 말이다. 칠십인역에서도 이 단어는 단 한 번, 잠언 10장 10절에서만 발견된다. 다시 돌아와서, "평화"는 전쟁의 종식을 함의한다. "피"와 "그분의 십자가"에 대한 언급은 그리스도가 십자가에 달리신 영광과 수치를 강조한다.[55] 던은 이렇게 덧붙인다. "화해와 평화를 만드는 행위에서 하나님의 목적은 원래 창조의 조화를 회복하는 것, 곧 '만물'을 새로운 일치와 온전함으로 끌어들이는 것이었다."[56] 이 화해는 곧 회복된 하나님과의 관계임이 21-22절에서 더욱 뚜렷하게 드러나는데, 이 구절들에서 우리는 바울의 청중이 그리스도 안에 적극적으로 참여하는 것을 알 수 있다.

"전에 여러분은 악한 행실을 일삼아 하나님으로부터 소외된 상태에 있었고, 마음으로 하나님과 원수가 되어 있었습니다"(21절)는 이전에 구속받지 못했던 수신자들의 상태와 대조를 이룬다. "소외된 상태"는 "바울의 헬라어를 그대로 따르자면, 지속적이고 끈질기게 하나님과의 화해 밖에 있는" 상태를 가리킨

53. Bruce, *Colossians*, 210.
54. O'Brien, *Colossians*, 56.
55. Dunn, *Colossians and Philemon*, 103-4.
56. Dunn, *Colossians and Philemon*, 104.

다.[57] 이것은 에베소서 4장 18절과 평행을 이룬다. 바울이 우주적 규모로 묘사한 것이 이제 수신자들에게 개인적으로 전달된다. "여러분"은 헬라어에서 독특한 위치에 있는 단어이다. 케어드(Caird)가 밝히듯이, 우주적 그리스도를 묘사하는 바울의 장엄한 언어는, 바울이 그 가르침을 개인적으로 적용하지 않았다면, "공중에 떠 있는 성채"처럼 보였을 것이다.[58] "악한 행실을 일삼아"라는 바울의 말은 하나님과의 화해는 실제적인 생활양식과 윤리적 목표들에서의 변화를 포함한다는 것을 우리에게 상기시킨다. 이 어구는 아마도 이방인들 사이에 퍼져 있는 우상숭배와 부도덕을 가리킬 것이다(cf. 롬1:21-32).

22절은 이제 반대 상황을 제시한다. 하나님께서는 그리스도인들을 "거룩하고 흠이 없고 책망할 것이 없는 사람으로 그분 앞에 내세우시기 위하여 그분의 [그리스도의] 육신의 몸으로" 그들과 화해하셨다. 그리스도의 육신의 몸(sarx)이라는 표현은 예수님의 몸의 진정한 육체적 본질을, 곧 '가현설' 그리스도론과 대조되는 진정한 성육신을 낮게 평가하는 저 거짓 교사들에 대한 살짝 감춰진 비난이라고 할 수 있다. 로버트 건드리(Robert Gundry)는 바울의 사고에 들어 있는 물리적인 몸의 중요성을 보여 주었다.[59] 웨슬리는 "육신의 몸"이라는 표현은 교회의 몸으로부터 이것을 구별하기 위함이라고 말한다.[60] 바울은 헬라어 '사륵스(sarx, 육신)'와 '소마(sōma, 몸)'를 결합한다.

화해의 목적은 사람들을 하나님 앞에 거룩하고 흠 없게 내세우기 위함이다(22절). "내세우다(parastēsai)"는 목적격 부정사이다. 이것은 고린도전서 1장 8절을 반영하며, 골로새서 2장 28절은 이런 사고를 반복한다. "거룩한(hagious)"

57. Martin, *Colossians*, 66.
58. Caird, *Letters from Prison*, 182.
59. Gundry, *Sōma in Biblical Theology with Emphasis on Pauline Anthropology*, 239.
60. Wesley, *Colossians*, 14.

은 "긍정적으로 바쳐진(positively consecrated)"을 의미하는(로버트슨) 한편, "흠 없게(amōmous)"와 짝을 이루는데, 이것은 종종 흠 없는 동물을 하나님께 희생제물로 바치기 위해 따로 떼어 놓는다는 의미로 사용된다. "책망할 것이 없는(anegklētos)"은 어떤 고발이나 비난할 게 없이 순전하다는 의미이다. 오브라이언이 강조하듯이, "직설법의 동사는 신자들이 옛 시대(또는 옛 세대)에서 새로운 시대, 곧 그리스도의 죽으심 안에서 이루어진 시대로 결정적인 전환을 이룬다는 의미로 사용된다."[61] 칼뱅은 우리에게 "이 거룩함은 우리 안에서 시작된 것에 지나지 않으며, 실제로는 매일 진전하고 있지만, 그리스도가 모든 것을 회복하기 위해 나타나실 때까지는 완성되지 않을 것이다."[62]라고 경고한다.

23절의 "그러므로 여러분은……"은 그리스도인의 삶은 끊임없는 실행을 요구한다는 것을 독자들에게 상기시킨다. 웨슬리가 아마도 그 특징을 잘 관찰한 것 같은데, 그는 "그렇지 않으면, 당신은 이미 즐기기 시작한 모든 축복을 잃게 될 것이다."[63]라고 했다. 그들은 "튼튼히 터를 잡아 굳건히 서 있는" 상태를 계속 유지해야 한다. 마틴은 이것들을 "집을 그린 그림에서 끌어낸 힘(권능)과 안전의 은유들"이라고 부르는데, 로제와 던도 이에 동의한다. 로제는 또한 예수님이 "반석 위에 짓는다"고 하신 말씀을 인용한다.[64] 그러므로 이 책에서는 이를 "튼튼히 터를 잡아"로 번역한다. 바울은 이 비유를 고린도전서 3장 10-11절에서 사용했다. 이 구절의 요점은 골로새에 있는 그리스도인들이 복음에서 멀어져서는 안 된다는 것을 강조하는 것이다.

고린도후서 5장과 마찬가지로, 우리는 여기서 그리스도 안에서 성취되는 보

61. O'Brien, *Colossians*, 67.

62. Calvin, *Philippians, Colossians, and Thessalonians*, 159.

63. Wesley, *Colossians*, 15.

64. Martin, *Colossians*, 68; Lohse, *Colossians*, 66.

편적인 화해의 주장(고후5:19, 골1:20)과 평화의 복음에 올바르게 반응해야 한다는 분명한 요구(고후5:20, 골1:23) 사이에서 신학적 균형을 발견한다. 그러므로 이것은 하나님이 행하시는 화해의 사역에 대한 개인의 반응과 아무런 상관이 없는 보편적인 구원이 아니다.

복음(바울은 이 복음의 사역자이다)은 하늘 아래에 있는 모든 피조물에게 전파되었다(23절). 다시 말해, 복음은 보편적인 범위를 가진다. 바울은 자신과 아볼로를 "사역자들"이라고 기술했다(복수형, *diakonoi*, 고전3:5). 우리는 앞서 "사역자들(*diakonos*)"이라는 표현을 '디아코노스(*diakonos*)'의 의미에 대한 콜린스의 주장에 비추어 주해했는데, 콜린스에 따르면 '디아코노스(*diakonos*)'는 감독이나 장로(즉 "성직자" 계급에 속할 가능성이 크다)를 대신하는 사람을 의미한다. 이는 가난한 사람들을 위해 금전적이고 사회적인 사역(대체로 행6:2-4에 기초한다)을 하는 사람이라는 전통적인 개념과 대조된다. 콜린스는 "집사"의 임무는 장로의 임무와 크게 다르지 않았다고 주장한다. 둘 다 복음의 "종"이다. 로제는 이 일을 "교회의 기본 기능"이라고 부른다.[65]

---

65. Lohse, *Colossians and Philemon*, 67.

<묵상을 위한 질문>

1. 우리는 보이지 않는 하나님을 볼 수 없다고 한탄하는가? 혹시 하나님을 멀리 떨어져 계신 분으로 생각하기 때문은 아닐까? 예수님을 하나님의 은혜로운 볼 수 있는 체현으로 보는 것이 도움이 되는가?

2. 예수 그리스도를 우리의 삶을 비롯해 모든 것의 기원이요 목표라고 말하는 것은 무엇을 의미하는가? 이 개념이 얼마나 도움이 되는가?

3. 그리스도는 어떻게 우리의 일관성이나 모든 것을 이해할 수 있는 것의 초점이 되시는가? 그리스도는 우리 삶의 무질서한 파편들을 '하나로 묶어' 진정한 의미를 갖게 하실 수 있는가?

4. 그리스도는 하나님과 우리 사이에 평화를 이루시는 분이신가? 이 본문 안에서 어떤 신학적 어휘들이 이것을 쉽게 설명하고 있는가?

5. 그리스도의 십자가가 없다면, 우리는 하나님에 대한 적대감에 사로잡혀 있는 소외된 낯선 사람이 될 것이다. 이것을 충분히 이해하고 있는가?

6. 우리는 반석 위에 세워진 안전한 건물처럼 신앙 안에서 확고하게 서 있는가?

7. 창조주요 화해를 이루시는 분이신 하나님과 우리의 관계를 생각할 때, 예수 그리스도가 아닌 중보자를 추가하고 싶은 유혹을 받은 적이 있는가?

(2) 하나님이 행하시는 화해의 일에서 우리의 몫: 바울의 사역(1:24-2:5)

²⁴이제 나는 여러분을 위하여 내가 받는 고난을 기쁘게 여기고 있습니다. 나는 그리스도의 남은 고난을 그분의 몸, 곧 교회를 위하여 내 육신 안에 채워가고 있습니다. ²⁵나는 하나님께서 여러분을 위하여 하나님의 말씀을 남김없이 전파하게 하시려고 내게 맡기신 사명을 따라, 교회의 일꾼이 되었습니다. ²⁶이는 영원 전부터 모든 세대에게 감추어져 있던 비밀인데, 그러나 지금은 그분의 성도들에게 드러났습니다. ²⁷하나님께서는 이방 사람 가운데 나타난 이 비밀의 영광의 풍성함을 성도들에게 알리려고 하셨습니다. 이 비밀은 여러분 안에 계신 그리스도요, 곧 영광의 소망입니다. ²⁸우리는 이 그리스도를 모든 사람에게 전합니다. 우리는 각 사람 모두를 그리스도 안에서 완전히 자란 사람으로 세우기 위하여 각 사람 모두에게 권하며, 지혜를 다하여 모든 사람을 가르칩니다. ²⁹이 일을 위하여 나도 내 속에서 능력으로 작용하는 그분의 활력을 따라 수고하며 애쓰고 있습니다. ¹여러분과 라오디게아에 있는 사람들과 그밖에 내 얼굴을 직접 보지 못한 사람들을 위하여 내가 얼마나 애쓰고 있는지 여러분이 알기를 바랍니다. ²내가 이렇게 하는 것은 여러분 모두가 사랑으로 결속되어 마음에 격려를 받고, 완전하게 확신하게 된 깨달음에 이르고, 하나님의 비밀인 그리스도를 온전히 알게 하려는 것입니다. ³그리스도 안에는 모든 지혜와 지식의 보화가 감추어져 있습니다. ⁴내가 이 말을 하는 것은, 아무도 교묘한 말로 여러분을 속이지 못하게 하기 위함입니다. ⁵나는 육체로는 비록 떠나 있으나, 영으로는 여러분과 함께 있습니다. 그리고 나는 여러분의 무너지지 않는 질서와 그리스도를 믿는 여러분의 믿음이 굳건한 것을 보고 기뻐하고 있습니다.⁶⁶

---

66. 본문 주: 1장 24절에서 일부 필사본(MSS)은 "나의" 고난으로 되어 있지만(Sinaiticus3), 그 외에는 "나의"가 없는 본문이 동의를 얻고 있다. 1장 27절에서 관계대명사 "which"(ho, 중성)는 "비밀(mystery)"과 호응하며, Alexandrinus와 Vaticanus의 지지를 얻는다. 그러나 Sinaiticus, C, D는 "그리스도"와 호응하는 hos(남성)로 독해한다. UBS 본문은 ho로 독해한다. 2장 2절의 독해에는 몇 가지 변주가 존재하지만, "하나님, 곧 그리스도(tou theou, Christou)"를 UBS 위원회는 "거의 확실한" 것으로 간주한다(Metzger,

1) 바울의 이방인 사역(1:24-25)

24절과 관련하여 라이트푸트는 이렇게 강조한다. "성 바울은 [그리스도인에게] 그리스도의 속죄의 희생에 협력할 몫이 있다고 말할 사람이 결코 아니다."[67] 케어드도 이에 동의하면서 바울이 로마서 6장 10절에서 그리스도께서 "단번에" 죽으셨다고 말한 것을 인용한다.[68] 로제 역시 24절은 "그리스도께서 당하신 대속의 고통에 여전히 부족한 것이 있을 수 있다는 의미로 받아들여질 수 없다."라고 주해한다.[69] 던에 따르면, "바울의 이 말은 많은 세대에 걸쳐 번역가들과 주석가들을 당혹스럽게 만들었다."[70] 오브라이언도 "이 구절은 가장 이른 시기부터 해석학적 난제였다."[71]라고 말한다. 그렇지만 케어드는 이렇게도 덧붙인다. "눈앞에 고통이 있음에도 불구하고 기뻐한다는 주제는 신약성경을 통틀어 흔히 나타나는 공통되는 주제이다(예를 들면, 마5:12; 행5:41; 히10:34). 종이 주인만큼 대접받으면 그것만으로 종으로서는 족한 일이다(마10:24-26)."[72] 더글러스 무도 마찬가지로 주해한다. "24절 하반부는 이 서신에서 가장 난해한 구절들 가운데 하나이다. …… 바울은 그리스도의 사람들이 그분과 함께 기뻐하는 공동의 연대(corporate solidarity)를 강조한다."[73]

더글러스 무는 그리스도의 고난들에 남아 있는 것을 "채운다(fill up/make up)"라는 말이 무엇을 의미하는지에 대해 다섯 가지 주요한 가능성을 논하는데,[74]

A Textual Commentary on the Greek New Testament, 555).

67. Lightfoot, Moule의 *Colossians*, 75에서 인용.

68. Caird, *Paul's Letters from Prison*, 184.

69. Lohse, *Colossians and Philemon*, 69.

70. Dunn, *Colossians and Philemon*, 114.

71. O'Brien, *Colossians*, 75.

72. Caird, *Paul's Letters from Prison*, 184.

73. Moo, *Colossians and Philemon*, 150.

74. 무(Moo)와 맥나이트(McKnight) 둘 다 이 난해한 구절을 해석하는 역사를 치밀하게 연구한 제이콥 크레머(Jacob Kremer)의 "Was an den Bedrängnissen des Christus Mangelt"를 인용한다. Moo,

여기서는 두 가지 핵심 접근만 살펴볼 것이다. 많은 학자들이 그리스도가 십자가에서 겪으신 고난들을 그리스도인들, 곧 '그리스도 안에' 있는 사람들은 반드시 공유하게 된다고 주장한다. "남은 것"은 '아직 공유되지 않은 것'을 의미할 수 있다. 복합어 "채운다(antanaplērō)"에는 바울이 몇 가지 의미에서 독자들을 대신하여 고난을 당한다는 뜻이 들어 있다고 케어드는 주장한다. 웨슬리는 "그분의 지체들이 당하게 될 고난으로 남아 있는 것이다."[75]라고 주해한다.

다른 학자들은 "묵시론적 전망(apocalyptic view)"이라고 불릴 수 있는 것, 곧 집단적 그리스도 또는 메시아 공동체가 하나님의 목적이 완성되기 전에 고난의 "몫"을 함께 나누게 되어 있다고 제안한다. 던은 이것과 새로운 시대 이전에 있을 것으로 예상되는 메시아의 시련(tribulation)과의 연결성을 고려하면서 로마서 8장 18-23절을 언급한다.[76] '메시아의 고통(afflictions)'이라는 사상은 유대 묵시 문학에서 유래했을 것인데, 처음 보아서는 바울과 거리가 있어 보이지만, 마틴의 주해에 따르면, 바울은 이 사상을 자신의 목적에 맞게 변형하며, "몫"이라는 개념은 "하나님이 이러한 고난들에 한계를 정하시기" 때문에 발생한다.[77] 로제는 "몫"이라는 개념은 "마지막 날을 위한 분명한 척도"라고 설명한다. 맥나이트는 다음과 같은 견해를 제시한다. "이스라엘의 '메시아 고뇌(woes)'나 유랑 생활에서 겪는 고난의 몫은 정해져 있었다(예를 들면, 단7:21-22, 25-27; 12:1-3; 합3:15; 습1:15; 막13:5-8; 마24:4-8; 눅21:8-11). 그래서 그리스도가 그 고난 중에서 많은 것 또는 대부

Colossians and Philemon, 150과 McKnight, Letter to the Colossians, 187를 참고하라.

75. Wesley, Colossians, 15.

76. Lohse, Colossians and Philemon, 71; Dunn, Colossians and Philemon, 115. 버트람(Bertram)은 키텔(Kittel)의 "고뇌(ōdin)" 항목에 들어 있는 "메시아의 고뇌"에 관해 논한다(Bertram, "ōdin"). 링컨(Lincoln)도 이 제안을 고려한다(Colossians, 613).

77. Martin, Colossians, 70.

분을 받아들이셨다. 하지만 고난의 일부는 아직 남아 있다."[78]

이런 견해는 고린도후서의 몇몇 구절들과 조화를 이룬다. "그리스도의 고난 (ta pathēmata)이 우리에게 넘친 것과 같이"(1:5, 개역개정), "우리 살아 있는 자가 항상 예수를 위하여 죽음에 넘겨짐은 예수의 생명이 또한 우리 죽을 육체에 나타나게 하려 함이라 그런즉 사망은 우리 안에서 역사하고 생명은 너희 안에서 역사하느니라"(4:11-12, 개역개정). 오브라이언은 고린도후서 1장 3-11절에서도 유사한 어구들을 인용한다. 던은 "그리스도인으로 살아간다는 것은 곧 그리스도와 함께 죽음으로써 그리스도의 마지막 부활에 참여하는 몫을 얻게 되는 평생의 과정"(롬6:5; 갈2:19)이라고 언급한다.[79] 또한 그는 "바울은 분명하게 이 주제를 발판으로 삼고 있다."라고 덧붙인다. 오브라이언은 "그리스도의 고난"은 그리스도의 고난과 유사한 고난을 가리키는 "특징의 소유격"일 수 있다고 제안한다.[80] 포티우스, 테오도레투스, 그리고 펠라기우스가 이런 견해를 취했다. 로버트슨은 복합어 '안타나플레로(antanaplērō)'에 기초하여 메시아 공동체의 집합적 고난을 그리스도께서 첫 번째 "차례(turn)"로 겪으셨고, 그다음에 바울이 그의 "차례"에 겪었고, 마지막으로 다른 신자들이 그러한 고난에 참여할 것이라고 제안한다(여기서 "turn"은 크리켓이나 야구 경기에서 가져온 은유이다). 그러나 **예수님의 고난만이 홀로 속죄의 고난이다.**[81] 그럼에도 불구하고 "그리스도께서는 그분의 지체들 안에서, 그중에서도 특히 바울 안에서 계속 고난을 받으신다."[82]

맥나이트는 24절에 대한 "묵시적 또는 종말론적 관점"을 몇 가지 측면에서 "가장 매력적인 이론"으로 여긴다. 이 관점이 학자들 사이에서 인기가 있는 것

---

78. McKnight, *Letter to the Colossians*, 188.
79. Dunn, *Colossians and Philemon*, 115.
80. O'Brien, *Colossians*, 77.
81. Robertson, *Word Pictures in the New Testament*, vol. 4, 484.
82. O'Brien, *Colossians*, 80.

이 분명한데, 특히 피터 오브라이언, 톰 라이트, 머리 해리스, 마리안 메이 톰슨, 데이비드 파오(David Pao) 등이 이 관점을 폭넓게 지지하고 있다.

하지만 맥나이트에 따르면, "이런 매우 인기 있는 견해는 바울의 [종말론을] 무리하게 사용하는 것 같다. 이러한 견해가 제대로 통하려면, 바울은 메시아의 고뇌가 아직 완성되지 않았다고 생각해야 한다. …… 그러나 이러한 견해와는 반대로, 예수님은 부활하셔서 메시아의 고뇌를 끝내셨다. 그분은 죽음 안에서 고난과 죽음 자체를 물리치셨다. [이 견해는] 부활과 부합하지 않는다."[83] 묵시론적 견해에는 칭찬할 만한 것이 많지만, 맥나이트는 현명하게 그것에 주의를 주었다. 그는 올바르게 그리스도의 사명을 공유하는 바울과 다른 그리스도인들에게 강조점을 둔다. 맥나이트는 결론 내리기를, "어느 정도의 절충적인 접근법이 요구된다. 그것은 좀 투박하지만 **사명적-그리스도론적**(missional-Christological) 이론이라고 불릴 수도 있는 접근법, 즉 바울이 자신의 복음-사명 고난(gospel-mission sufferings)을 그리스도의 고난, 또는 그것과 같은 고난에 들어가는 의도적 입구로 이해하는 접근법이다."[84] 마울 역시 혼합적인 접근법을 옹호한다. "나는 그 두 가지 [관점]이 통합되어야 한다고 확신하는 쪽으로 기운다. 비록 두 번째 관점이 더 균일하고 또 지배적인 생각이기는 하지만 말이다."[85] 말하자면, 마울은 '고난의 몫'이라는 사상을 '그리스도의 고난을 함께 받는다'라는 일반적인 개념과 결합하기를 권고한다.

24절의 "내 육신 안에"는 NEB에서는 "나의 부족한 인간 육신 안에"로 번역된다. 대체로 맞을 것이다. 비록 바울에게서 "육신"은 더 많은 의미를 담고 있는

---

83. McKnight, *Letter to the Colossians*, 189.
84. McKnight, *Letter to the Colossians*, 189 (맥나이트의 강조). 맥나이트는 또한 세틀러(Hanna Settler) 의 "An Interpretation of Colossians 1:24 in the Framework of Paul's Mission"을 인용한다.
85. Moule, *Colossians*, 76.

경우가 많지만, 여기서 바울은 단순히 연약하고 취약한 인간을 말하기 위해서 이것을 사용할 수도 있다. 링컨은 "종이라는 이중적인 직함과 1장 24절의 바울의 고난에 대한 강조를 결합해서 보면, 이사야 40-55장의 고난 받는 종의 모습을 떠올리게 된다."[86]라고 기록한다. 칼뱅은 이 구절이 "그리스도와 그분의 지체들 사이의 매우 큰 연합(unity)"에 의존한다고 분명하게 말한다.[87]

25절의 "하나님께서 여러분을 위하여 …… 내게 맡기신 사명을 따라(kata tēn oikonomian)"는, 로버트슨에 따르면, "하나님의 섭리[또는 경륜이나 경영, 또는 책무]를 따라"로 번역될 수 있다. 케어드의 관점에서 이 어구는 단순히 "하나님께서 맡기신 임무"를 의미한다.[88]

"이루기 위하여" 또는 "완수하기 위하여"(plērōsai)는 "하나님의 말씀을 남김없이 전파하기 위하여"(새번역)를 의미한다. 이와 거의 유사한 바울의 표현이 로마서 15장 19절에 나오는데, 여기서 그는 스페인 선교를 마음에 품으면서 말씀의 사역을 "완수하는"("편만하게 전하였노라", 개역개정) 것에 관해 말한다. 디모데후서 4장 17절 역시 이와 연관이 있다. "나로 말미암아 선포된 말씀이 온전히 전파되어(plērophoreō)"(개역개정). 다시 한 번 우리는 존 콜린스의 '디아코노스(diakonos, 사역자)'에 관한 최근의 연구를 인용할 수 있는데, 여기서 콜린스는 '사역자'는 일차적으로 장로를 대리하는 사람이며 동일한 사역 기능을 수행할 수 있었다고 보여 주었다.[89] 던은 이 용어는 아직 확실한 기능을 가지지 않는다고 우리에게 경고한다. 이 구절은 그 주된 기능이 말씀 사역임을 확인한다. 바울은 하나님의 계획에 따른 사역자인 것이다.

---

86. Lincoln, *Colossians*, 614.
87. Calvin, *Philippians, Colossians, and Thessalonians*, 164.
88. Caird, *Paul's Letters from Prison*, 185.
89. Collins, *Diakonia*.

2) 바울의 메시지(1:26-29)

마거릿 맥도널드는 26절을 이렇게 주해한다. "비밀(*mystērion*), 감추다(*apokryptō*), 그리고 드러나다(*phaneroō*)와 같은 개념들은 바울 문헌에 반복적으로 나타나는 계시 공식 또는 계시 도식(이전에는 감추어져 있던 것이 이제 공공연하게 선포되는 것)을 반영한다. 이 도식은 누군가의 과거의 삶과 새로운 삶 사이의 대조가 체험되고 축하받는 제의 상황에서 그 기원을 잘 찾아낼 수 있을 것이다(cf. 고전2:6-16; 롬16:25-27; 딤전3:16)."[90] 바울 자신에게서 그가 언급한 "비밀"은 일차적으로 하나님의 구원이 이방인들에게 나누어지는 것이 허락되었음을 의미한다. 바울 외의 문헌에서 '미스테리온(*mystērion*)'이라는 용어는 그리스와 오리엔트 세계에서 가능성이 열려 있는 다양한 것들을 의미했으며, 그중에는 신비 종파도 포함되었다. 거기서 이 용어는 보통 은밀한 가르침, 곧 종종 특정한 신과 연합하여 구원을 성취하는 것에 관한 가르침을 의미했다.[91] 그러나 골로새서에서 신비 종교들이 과연 의미 있는 실체인지에 대해서는 최근 들어 의문이 제기되었는데, 그 이유는 특히 많은 신비 종교들이 후대의 것이라는 사실이 밝혀졌기 때문이다. 골로새서에서 신비 종교의 사상들을 보는 것은 시대착오일 수 있다.

'비밀'에 해당하는 그리스어와 아람어 '라즈(*rāz*)' 사이의 호응 관계를 보면 더욱 도움이 된다. 아람어 '라즈(*rāz*)', 곧 비밀은 다니엘서에서 발견되는데(2:18, 19, 27-30, 47), 여기서 이 단어는 현재는 감추어져 있지만 정해진 미래에는 반드시 나타나게 되는 종말론적 신비라는 의미가 내포되어 있다. 그것은 지금은 일부만 드러나 있지만 반드시 일어나야만 하는 것들을 의미할 수도 있다. 바울은 그의 서신들에서 이 단어를 21회 정도 사용한다. 주요 구절들에는 고린도전서 2

---

90. MacDonald, *Colossians, Ephesians*, 81.
91. Cf. Reitzenstein, *Hellenistic Mystery Religions*.

장 6-10절과 로마서 10장 25-27절이 포함된다.

바울이 강조하는 "그러나 지금(*nun de*)"은 현재 그리스도인 신자들에게 드러나고 있는 이방인이 구원에 포함되는 신비와 더불어 일어난 묵시론적 변화를 강조한다. 바울은 이 신비의 의미를 사람들에게 전달하기 위하여 다음과 같은 세 개의 헬라어 단어를 사용하는데, 곧 드러남(*apokalyptō*), 알려짐(*gnōrizō*), 그리고 선포됨(*phaneroō*)이다. 계시에 관한 이러한 세 가지 단어는 바울의 사도적 가르침에서 나타난다.

27절의 "이 비밀의 영광의 풍성함"은 무궁무진한 보물을 은유로 사용하는 바울의 전형적인 용례이다. 우리가 이미 언급한 것처럼, 이방인의 포함은 바울에게서 비밀이 지닌 최고의 영광이다(*to ploutos tēs doxēs tou mystēriou toutou*). 바울은 이 임무를 수행하는 고귀한 명예를 강렬하게 느낀다. "영광"은 '하나님의 영광'이라는 말로 바울이 많이 사용하는 단어이다. 히브리어 '카보드(*kābōd*)'에서 유래하는 이 단어는 하나님의 영광스러운 임재의 광채를 가리킨다. 원래 이 단어는 **위엄**이 있다는 의미에서 무게감을 가지는 것과 관계가 있었다.

마울은 "영광"을 '쉐키나(*Shekinah*)', 곧 '하나님의 임재 안에 거하는 것'과 연결한다. 그는 이렇게 주해한다. "이것은 가시적인 빛이나 광채와 연관이 있었다(은유적 의미에서 '빛남[brilliance]'과 같이). 그러나 특별히 성육신의 결과로 말미암은 본질적인 광채는 도덕적인 광채—그리스도에 의해 살게 되고 십자가의 죽으심으로 다른 사람들을 위해 부과된 영광스러운 섬김의 삶—로 인식되었다."[92] 계속해서 마울에 따르면, 따라서 그리스도의 삶에서 쉐키나(*Shekinah*) 영광은 그분이 제자들의 발을 씻기고 계실 때, 또는 죽음의 시간에 도달하셨을 때, 가장 밝게 빛나는 것을 볼 수 있다(요13:1-11). 바르트도 하나님의 영광은 종종 그분의 겸손

---

92. Moule, *Colossians and Philemon*, 83.

에서 볼 수 있다고 유사하게 주장한다.[93]

바울은 "영광"이라는 단어 및 이 단어와 어원이 같은 단어를 80회 넘게 사용한다. 예수 그리스도 안에서 하나님은 그분의 임재의 광채를 드러내신다. 케어드는 이렇게 주해한다. "믿음으로 그분과 연합된 사람들은 이미 그분의 영광을 반영하는 거울들로서 행동하며 숨겨져 있는 변모(고후3:18), 곧 그리스도께서 다시 오실 때 비로소 그 정점에 이르게 될(골3:4) 변모를 겪고 있었다." 그리고 그는 덧붙이기를, 그리스도 안에서 "바울은 하나님의 영광의 보물에서 가장 빛나는 보석들과 미래를 위한 그분의 희망의 보증을 발견한다."[94]라고 말한다. "영광"은 또한 요한복음에서 하나님의 겸손과도 연결되는데, 예를 들어 "우리가 그의 영광을 보니"(요1:14)라는 구절은 그분이 성육신 안에서 우리 중 한 사람으로 태어나신 것을 의미한다.[95]

마틴이 주해하듯이, 바울의 사도로서 임무와 방식의 대부분은 28절에서 세 단어, 곧 "전하다(*kataggellomen*)", "권하다(*nouthetountes*)", 그리고 "가르치다(*didaskontes*)"로 요약되어 있다.[96] 던이 주목하듯이, 우주적 맥락을 감안할 때 "각 사람 모두(*panta anthrōpon*)"—바울의 선교 대상—는 골로새에 있는 모든 사람을 가리킬 뿐 아니라 **보편적인** 의미에서 모든 사람을 의미한다.[97]

"모든 사람을 그리스도 안에서 완전히 자란(*teleios*) 사람으로 세우기 위하여"(28절)에서 "텔레이오스(*teleios*)"는 보통 '성숙한'(NRSV, NEB) 또는 '완전한'(NJB, NIV)으로 번역된다. 이 단어가 희생제물을 가리킬 경우에는 '흠이 없는'을 의미

---

93. Barth, *The Humanity of God.*

94. Caird, *Paul's Letters from Prison*, 186.

95. Caird, "The Glory of God in the Fourth Gospel."

96. Martin, *Colossians and Philemon*, 72.

97. Dunn, *Colossians and Philemon*, 125.

하지만, 다른 경우에는 '완전한', '온전한' 또는 '완전히 자란'을 의미한다.[98] 또한 이 단어는 '가장 높은 수준에 도달한'을 의미하기도 한다. 이러한 목표는 엘리트가 독점하는 것이 아니라 모든 사람이 도달할 수 있는 것이다.

29절에서 바울은 이러한 궁극적인 열망에 자기 자신을 포함시키는 한편, 그러나 또한 그것이 수고 없이는 도달할 수 없는 것임을 보여 준다. 케어드는 이렇게 주해한다. "수고는 바울의 것이지만, **에너지**는 그리스도의 것이다."[99] 이 점을 헬라어가 잘 설명한다. *agōnizomenos kata tēn energeian autou*(아고니조메노스 카타 텐 에네르게이안 아우투, "그분의 에너지에 따라 분투하는"). 빅토르 피츠너(Victor Pfitzner)는 이 주제에 온전히 전념한 저서에서 분투(struggling)라는 주제가 얼마나 필수불가결한 것인지를 보여 주었다. 그는 그리스인들의 경주와 그리스도인의 삶에서의 분투 사이의 유비를 추적한다.[100] 이 구절과 매우 유사한 본문 중 하나가 빌립보서 3장 12-14절이다.

3) 골로새에 있는 교회를 향한 바울의 요청(2:1-5)

바울은 2장 1절에서 많은 노력과 분투에 관한 주제를 이어간다. 여기서 그는 골로새의 독자들과 라오디게아의 그리스도인 모두를 위한 자신의 수고를 적고 있다. 우리는 또한 바울이 4장 13절에서 언급하는 히에라볼리에 대한 암시적인 참조도 이해할 수 있다. 이 세 곳의 중심지가 라이코스 계곡의 세 개의 주요 도시를 구성했다. 이 수고에는 기도 중에 이루어지는 분투, 생각, 그리고 때때로 근심이 섞여 있었다. 고린도후서 11장 28절에서 바울은 "이 외의 일은 고사하고 아직도 날마다 내 속에 눌리는 일이 있으니 곧 모든 교회를 위하여 염려하는 것

---

98. Danker, BDAG, 995-96.
99. Caird, *Paul's Letters from Prison*, 187(케어드의 강조).
100. Pfitzner, *Paul and the Agon Motif*.

이라"(개역개정)고 인정한다.

링컨이 주장하듯이, 2절에서 바울이 분투하는 목적은 독자들이 격려 받는 것의 관점에서 표현되고 있다.[101] 이 책의 번역인 "완전하게 확신하게 된 깨달음(fully assured understanding)"은 헬라어의 의미, 곧 '깨달음에서 생기는 확신(tēs plērophorias tēs syneseōs)'을 문자 그대로 담은 것이다. 케어드는 이렇게 주해한다. "바울은 사랑으로 연합한 경험이 그들에게 굳건한 확신의 기초가 될 만큼 충분한 이해를 제공해 주기를, 그리고 이것이 다시 하나님의 더 큰 목적을 깨닫는 데 이르게 되기를 기도한다."[102] 로버트슨은 이것은 모든 사람에게 정신적 능력을 충분하고 균형 있게 연습할 것을 요구한다고 논평한다.[103] 제르크룬트(Bjerkelund)의 주장에 따르면, 바울이 사용하는 "호소하다(parakaleō)"라는 말은 '요구하다'나 '간청하다'를 의미할 수도 있으며, 이는 종종 서신에서 목회 방침을 소개하는 공식으로 사용된다.[104] 그러나 '격려하다' 역시 받아들일 만한 번역이다. "마음"은 여기서 사람의 내면생활이나 중심을 의미한다.

"모든 지혜와 지식의 보화"(2:3)는 헬라어 "*pantes hoi thēsauroi tēs sophias kai gnōseōs*(판테스 호이 쎄사우로이 테스 소피아스 카이 그노세오스)"를 번역한 것이다. 이 모든 것은 은밀한 비밀들에서가 아니라 그리스도 안에서 발견된다. 그리스도는 우리의 보물이요 보고(寶庫)이시다. 유대 전통에서 이전에는 하나님의 인격화된 지혜에게 돌려졌던 모든 힘과 행동이 이제는 그리스도께 돌려져야 한다.[105] 이 어구는 이사야 45장 3절을 그대로 인용한 것이라기보다 대략적으로 반영한 것이다. 라이트는 이렇게 주해한다. "그리스도는 유대인들이 지혜(cf. 잠

---

101. Lincoln, *Colossians*, 616.

101. Lincoln, *Colossians*, 616.
102. Caird, *Paul's Letters from Prison*, 187.
103. Robertson, *Word Pictures in the New Testament*, vol. 4, 488.
104. Bjerkelund, *Parakalō*.
105. Caird, *Paul's Letters from Prison*, 187.

2:1-8)에 대하여 단정적으로 말한 모든 것을 그 자신 안에 집약하신다. …… 그리스도 그분 자신이 '하나님의 신비'이시다."[106]

4절은 바울의 요점을 직접적으로 설명한다. 곧 어느 누구도 그리스도 이상의 어떤 것이 여전히 더 필요하다고 생각하게 만드는 그럴듯한 주장들로 독자들을 속여서는 안 된다는 것이다. 그리스도만이 **홀로** 독자들의 바람과 필요를 완전하게 충족시키신다.

5절에서 "무너지지 않는 질서(*taxin*)"라는 은유와 "굳건한 것" 또는 "확고한 것"(*stereōma*)이라는 표현에는 질서정연하게 전열을 갖춘 군대 이미지가 들어 있었다. 골로새 교회는 그들을 유혹하는 일체의 가르침에 맞서는 최전선에 배치되어 있었다. "육체로는 비록 떠나 있으나, 영으로는 여러분과 함께 있습니다"라는 바울의 말은 고린도전서 5장 3절에서 그가 한 말과 긴밀하게 평행을 이룬다.

---

106. Wright, *Colossians and Philemon*, 99.

〈묵상을 위한 질문〉

1. "그리스도의 남은 고난을 채워간다"(1:24)라는 바울의 말은 "그가 우리를 흑암의 권세에서 건져 내사 그의 사랑의 아들의 나라로 옮기셨으니"(1:13)와 모순되는가? 그렇지 않다면, "남은 고난"은 무엇을 의미하는가?

2. 복음의 유익 또는 교회의 유익을 위해 고통 받을 때 우리는 기뻐하는가? 이러한 고난은 그리스의 고난과 어떤 점을 공유하는가?

3. 언제나 교회의 일꾼(servants)이 되기를 간절히 바라고 있는가? 아니면 하나님이 우리에게 그 일을 맡기실 때만 우리는 일꾼인가? 하나님은 어떤 사람을 부르시는가?

4. 바울의 "비밀(mystery)"이라는 말은 특별히 어떤 의미로 사용되고 있는가? 이 말이 바울에게 그토록 경이로운 까닭은 무엇인가?

5. 세 가지 활동 가운데서 복음의 사도적 선언을 특징짓는 것은 무엇인가? 우리는 세 가지 활동을 동등하게 평가하는가?

6. "완전히 자란" 사람으로 그리스도께 드려지는 것이 우리의 목표인가? "완전히 자란"에 또 다른 의미가 있는가? 이 목표에 도달하는 데 도움이 될 만한 것은 무엇인가?

7. 우리의 삶에서 분투는 어떤 자리를 차지하는가? 그리스도인은 오직 평화를 목표로 삼아야 한다고 말하면서 분투를 회피하려고 하지는 않는가? "분투"는 긍정적인 것인가, 부정적인 것인가?

8. 우리는 지역 교회보다 전체 교회들을 위해 분투해야 하는가?

9. 하나님을 아는 지식에 이르고 그럴듯한 유혹들을 물리치기 위해 우리의 모든 정신적 능력을 어떻게 가장 잘 활용할 수 있을까?

10. 전체로서의 교회는 "질서 있고 굳건"한가? 왜 바울은 여기서 군대 이미지를 사용하고 있는가?

(3) 대적들과의 대립: 부활하신 그리스도의 힘(2:6-15)

[6]그러므로 여러분이 그리스도 예수를 주님으로 받아들였으니, 그분 안에서 행하십시오. [7]여러분은 그분 안에 뿌리를 박고 세움을 받아서, 가르침을 받은 대로 여러분의 믿음에 굳게 터를 잡아 감사의 마음이 넘치게 하십시오. [8]누가 철학이나 헛된 속임수로, 여러분을 사로잡을까 조심하십시오. 그런 것은 사람들의 전통과 세상의 원리들을 따라 하는 것이요, 그리스도를 따라 하는 것이 아닙니다. [9]그리스도 안에 온갖 충만한 신성이 몸의 형태로 머물고 계십니다. [10]여러분도 그리스도 안에서 충만함을 받았습니다. 그분은 모든 통치와 권세의 머리이십니다. [11]그분 안에서 여러분도 손으로 행하지 않은 할례, 곧 육신의 몸을 벗어버리는 그리스도의 할례를 받았습니다. [12]여러분은 세례로 그리스도와 함께 묻혔고, 또한 그분을 죽은 사람들 가운데서 살리신 하나님의 능력을 믿는 믿음으로, 그리스도 안에서, 그리스도와 함께 살아났습니다. [13]또 여러분은 여러분이 지은 죄로 말미암아 그리고 여러분의 육신이 할례를 받지 않은 것으로 말미암아 죽었으나, 하나님께서는 여러분을 그리스도와 함께 살리시고, 우리의 모든 죄를 용서하여 주셨습니다. [14]하나님께서는 우리에게 불리한 조문들이 들어 있는 빚문서를 지워 버리시고, 그것을 십자가에 못 박으셔서, 우리 가운데서 제거해버리셨습니다. [15]그리고 모든 권세들과 권력들을 무장 해제시키시고, 그들을 구경거리로 삼으시고, 그리스도 안에서 그들을 이긴 승리의 개가를 올리셨습니다.[107]

---

107. 분문 주: 7절에서 UBS 위원회는 이 책이 "여러분의 믿음(tē pistei)"으로 옮긴 독해를 선호한다. 이 번역은 B, D*, 33 및 기타 사본들의 지지를 받는다. 위원회는 다른 독해들도 고려한다(Metzger, *A Textual Commentary on the Greek New Testament*, 555). 또한 같은 절에서 "감사의 마음이(en eucharistia)"를 UBS 위원회는 길게 독해하는 과정에서 생긴 필사자의 동화에 기인한 것이 "거의 확실한" 것으로 본다. 13b절에서 "여러분이(hymin)"와 "우리의 모든 죄에서 우리를 용서하여 주셨습니다"에서 "우리(hēmin)"라는 독해와 관련해 약간의 불확실성이 있다. 그러나 "우리"는 Ϸ46, B, 33, 그리고 다른 필사본(MSS)의 지지를 받는다. UBS 위원회는 "우리"를 "확실한" 것으로 판단한다. 이는 모음 'u'와 'ē'의 발음의 유사성을 고려한 판단이다(Metzger, *A Textual Commentary on the Greek New Testament*, 556).

앤드류 링컨의 말을 빌리자면, 이 구절들은 정통 교리(orthodoxy)와 정통 실천(orthopraxis)이 맞물려 있다는 것을 분명하게 보여 준다.[108] 이 부분(2:6-15)은 풍부한 설명들이 필요한 헬라어 용어들로 가득 차 있다. 고린도전서 11장 23절과 15장 1절에서와 같이, 골로새서 2장 6절에서 "여러분이 …… 받아들였으니 (parelabete)"는 전통의 전수와 수용에 대한 표준 용어들 가운데 하나이다.[109] 고린도전서 11장 23절과 15장 1절에서 바울은 "전해 받았다(paradidōmi)"라는 표현을 사용한다. "행하다(peripateite)"로 번역된 헬라어는 현재진행 직설법동사이다. 6절에서 정관사 "the"의 반복된 사용—문자 그대로 옮기면 "그 그리스도 예수 그 주님(the Christ Jesus the Lord)"—은 바울이 다른 데서는 사용하지 않는 표현이다. 이렇게 정관사를 거듭 사용하는 것은 이른바 영지주의자들에 맞서기 위한 것으로서, 이것은 역사적 예수에 대한 주의를, 또한 특정한 그리스도나 메시아, 그리고 그분의 최고 권위의 주되심에 대한 주의를 요구하는 것이라 할 수 있다. 이러한 이름들은 갈라디아서 5장 24절과 6장 12절에서도 나타난다. 좀 어색하긴 하지만 우리는 그와 동일하게 "그리스도(메시아)요 주님이신 예수님"으로 번역할 수 있다.[110]

링컨은 7절에 독자들과 그들의 주님과의 관계를 보여 주는 이미지를 담고 있는 네 개의 분사가 들어 있다고 지적한다.[111] "뿌리를 박고(errizōenoi)"라는 단어는 '리자(riza)', 곧 뿌리에서 파생한 단어로 완전수동태분사이다. 바로 이어서 바울은 자라나는 나무의 은유에서 튼튼하게 세워진 건물로 이미지를 바꾼다. 곧 "뿌리를 박고 세움을 받아서"라고 말하는데, 이 표현은 고린도전서 3장 10, 12절에

---

108. Lincoln, *Colossians*, 620.

109. Dunn, *Colossians and Philemon*, 138; Abbott, *Ephesians and Colossians*, 244.

110. Moule, *Colossians and Philemon*, 89.

111. Lincoln, *Colossians*, 620.

도 나타난다. "믿음에 굳게 터를 잡아"는 헬라어 '베바이우메노이(*bebaioumenoi*)'를 번역한 것인데, 이 단어는 '굳건하고 안전하게 하다'라는 뜻의 '베바이우(*bebaioō*)'에서 파생한 말이다. "가르침을 받은 대로"는 이미 그들에게 전수된 사도적 진리의 확고한 전통을 강조한다.

독자들은 사람의 전통에 지나지 않은 것에 사로잡혀서는 안 된다(2:8). "조심하십시오"는 헬라어 '블레페테(*blepete*)'를 번역한 것으로, '경계하라', '주의하라' 또는 '조심하라' 등의 힘이 느껴지는 말이다. "여러분을 사로잡을까"는 부정적인 목적을 번역한 것이다. "사로잡다"는 헬라어 '호 실라고곤(*ho sylagōgōn*)'을 번역한 것인데, 이것은 분사 형태로 전리품을 뜻하는 후기 헬라어 '실레(*sylē*)'에서 유래한 것이며, 여기에 '데려가다'나 '가져가다'를 뜻하는 '아고(*agō*)'가 결합된 것이다(예를 들어, "노예를 전리품으로 끌고 가다", 또는 NJB처럼 "사로잡다").[112] NJB 또한 다음과 같이 8절 하반부의 정확한 의미를 훌륭하게 담아내고 있다. "이 세상의 원리에 기초하고 그리스도에 기초하지 않은, 사람들이 물려받은 그런 종류의 철학의 헛된 유혹으로." 그러나 이 번역은 아마도 지나친 번역이거나 헬라어를 약간 넘어서는 번역이라 할 수 있다.

그렇더라도 "세상의 원리들"이라는 어구는 논쟁적인 그리스어 '스토이케이아(*stoicheia*)'를 정확히 번역한 것이다. '스토이코스(*Stoichos*)'는 원래 알파벳 문자들이나 우주를 구성하고 있는 물질들과 같이 일렬로 늘어서 있는 어떤 것을 의미했다. 그러나 나중에 이것은 '초등 가르침'을 가리키는 단어가 되었다가, 결국에는 영지주의가 그들의 철학을 지칭할 때 사용하는 어휘로 넘어가고 말았다. NRSV는 이것을 "우주를 이루는 기초 영들"로 번역한다.[113] 그렇지만 우리는 제

---

112. Danker, BDAG, 955; Moule, *Colossians and Philemon*, 90; Caird, *Paul's Letters from Prison*, 189–91.

113. Danker, BDAG, 946; Lohse, *Colossians and Philemon*, 96–99.

임스 바의 경고, 곧 때로 특정 단어의 어원에 대한 관심은 그 단어의 현재의 의미보다 그 단어의 역사에 대해 더 많은 관심을 두는 경향이 있다는 경고에 주의해야 한다.

더글러스 무는 헬라어 '스토이케이아(stoicheia)'에 관한 세 가지 주요 의미를 검토한다. 그는 이렇게 말한다. ① "바울 시대에 (그리고 그 뒤로) 이 단어는 우주의 '근본적인 구성요소들', 곧 모든 물질이 구성되는 '원소들'(보통 공기, 땅, 불, 그리고 물로 인식되었다)을 나타내는 데 가장 자주 사용되었다. 이 단어는 칠십인역의 경우 세 군데(마카비4서 12:13; 지혜서 7:17; 19:18)에서 이런 의미로 사용되며, 필로, 요세푸스, 사도적 교부들에서는 대부분의 경우에, 그리고 신약성경의 경우에는 여섯 군데 중 두 군데에서 이런 의미로 사용된다(벧후3:10, 12)."[114] ② 무는 계속해서 말하기를, 이 단어는 또한 특정한 연구 영역의 "필수 원리들"이라는 의미로 사용된다고 한다. 이런 의미로 사용된 경우는 신약성경에서도 찾아볼 수 있다(히 5:12).[115] ③ 마지막으로 무는 이렇게 말한다. "'스토이케이아(stoicheia)'는 영적 존재들을 가리키는 데 사용되었다. …… 이 단어가 이런 식으로 용례가 확장된 첫 사례는 신약성경 후대의 솔로몬 유언서(Testament of Solomon)에서이다(18:2의 "어둠의 우주적 통치자들")."[116] 무는 이 단어의 각각의 의미들 모두가 강력한 어휘적 증거를 가지고 있으며 학자들의 지지를 받고 있지만, 세 번째 의미가 오늘날 가장 유행하고 있다고 결론 내린다. 골로새 성도들을 사로잡을 만한 것은 바로 이러한 "통치자들"이다. 반면에 "주후 3세기까지는" '스토이케이아(stoicheia)'가 이렇게 사용되었다는 어떤 확고한 증거도 없다.[117]

---

114. Moo, *Colossians and Philemon*, 187-88.
115. Moo, *Colossians and Philemon*, 188.
116. Moo, *Colossians and Philemon*, 188.
117. Moo, *Colossians and Philemon*, 189.

무는 우리가 고대 세계관을 진지하게 다루어야 한다고 주장한다. 그는 기록하기를, "영적 존재를 가리키는 '스토이케이아(stoicheia)'는 고대 세계관의 맥락에서는 쉽게 이해할 수 있는 단어였을 것이다. …… 따라서 많은 주석가들이 골로새서의 이곳에서 '하늘의 영들(astral spirits)'에 관해 이야기한다."[118]라고 한다. 그러면 사로잡힌다는 것은 하늘의 영들에게 예속된다는 것을 의미했을 것이다. 하지만 무는 "'스토이케이아(stoicheia)'라는 단어가 주후 3세기까지 영적 존재들을 가리키는 데 사용되었다는 증거는 존재하지 않는다."라고 주장한다. 대조적으로, 우주의 물질적인 구성요소들은 종종 영적 존재들이나 신들과 연결되어 있었다. 그는 그리스인들이 물질적 요소들을 신격화하는 경향이 있었음을 보여주려고 필로에게 호소한다(예를 들어, 『십계명에 대하여(On the Decalogue)』 53; 『명상적인 삶에 대하여(On the Contemplative Life)』, 3). 이 "철학"은 사실상 널리 퍼져 있던 범신론이 된다.[119]

"철학으로(dia tēs philosophias)"에서 '철학'은 이 단어의 전통적, 통상적 또는 현대적 의미에서의 '철학'이 아니다. 바울은 철학 자체가 아니라, 거짓 교사들이 그들의 사상 체계라고 불렀던 것을 특정하여 비난한다. 해리스는 이렇게 기록한다. "바울이 지적하고 있는 것은 철학 일반도 아니고, 구체적으로 고전 그리스 철학도 아니다. 그것은 (거짓 교사들의 용어를 그대로 사용한) 이른바 '철학'이라고 하는 것이다."[120] 바울 시대의 그리스도인들에게 전통적인 철학보다 훨씬 더 긴급한 위험은 (특정한 유형의) '수사학'이었다.

오브라이언은 이렇게 지적한다. "거짓 관습과 규례 뒤에 있는 악한 힘들(2:20)

---

118. Moo, *Colossians and Philemon*, 189.
119. Moo, *Colossians and Philemon*, 190-93.
120. Harris, *Colossians and Philemon*, 92.

은 그리스도 안에서 패배했고 공개적으로 망신을 당했다."[121] 다른 학자들과 마찬가지로, 그 역시 우리에게 바울은 여기서 그의 대적들이 사용하는 '철학' 구호를 사용하는 것임을 환기시킨다. 스콧 맥나이트는 이러한 '인간 중심의' 전통은 교리적, 영적 그리고 우주론적 측면들을 가지고 있으며, 폭넓은 고대 및 현대 저자들을 인용한다고 주장한다.[122]

9절에서 "신성(Godhead)"으로 번역된 말(theotētos)은 '신(deity)'이나 '신격(divinity)'으로 번역해도 똑같이 좋은 번역이다. 이 구절은 1장 15-20절에서 '충만함'에 관해 했던 말을 그대로 받아들인다. 그리스도 안에 하나님의 모든 "충만하심(to plērōma)"이 거하는 것은 틀림없는 사실이지만, "몸의 형태로(sōmatikōs, bodily)"에 대한 해석은 네 가지가 가능하다. 케어드는 그 네 가지를 다음과 같이 열거한다. 곧 ① "몸의 형태로, 즉 사람이 되어(incarnate)", 또는 ② "구체화되어, 즉 교회의 집합적 삶으로", 또는 ③ "유기적인 일치로, 그리고 권력들의 위계 구조 전체에 퍼져 있지 않게", 또는 ④ "엄연한 현실로(in solid reality)"이다.[123] 그리고 여기에 ⑤ 아우구스티누스가 선호하는 "실제로(actually)" 또는 "실재로(in reality)"와 ⑥ 대부분의 그리스 교부들과 칼뱅이 선호하는 "본질로(in essence)"를 더하는 것도 가능하다.[124]

라이트푸트와 (몇 가지 유보조건을 붙여) 마울은 첫 번째 대안을 지지한다. 반면 케어드는 권력들 위에 계신 그리스도의 우월하심은 오직 부활과 함께 온다는 것과 성육신은 채움이 아니라 자기 비움의 과정이라는 것에 근거하여 첫 번째 대안을 거부한다. 두 번째 제안은 어느 정도 매력적일 수 있지만, 이것은 부사

---

121. O'Brien, *Colossians, Philemon*, 137.

122. McKnight, *Letter to the Colossians*, 227; cf. Schweizer, "Slaves of the Elements and Worshipers of Angels"; Smith, *Heavenly Perspective*.

123. Caird, *Paul's Letters from Prison*, 191.

124. Moule, *Colossians and Philemon*, 92.

에 지나치게 큰 무게감을 부여하며, 그다음 절에서 더 분명하게 언급되는 것을 모호하게 예견하는 것처럼 보인다. 세 번째 제안도 비슷한 반론들이 제기된다. 케어드는 만일 "충만함"이라는 표현이 바울의 대적들이 사용하던 어휘에서 취한 것이라면 가능할지도 모르겠지만, 이에 관해서 우리는 확신할 수 없다고 논평한다. 요한네스 크리소스토무스와 몹수에스티아의 테오도레(Theodore of Mopsuestia)는 이것을 확실하게 선호했지만, 바울은 우주의 '몸'이라는 단어를 사용하지 않으며, 신성의 충만함이란 우주를 다스리는 주인됨 이상의 어떤 것을 의미한다. 네 번째 제안은 케어드가 선호하는 설명이다. 그는 특히 17절에 비추어 "여기서 '소마(soma, 몸)'는 지나간 시대의 율법 체계 안에 드리워져 있던 몸에 대한 어두운 기대와는 대조적으로 새로운 시대의 엄연한 현실을 담아내기 위해 사용되고 있다."[125]라고 설명한다.

전체적으로는 "구체적인 가시적 형태로" 또는 "사람이 되어"가 가장 단순하고 개연성 있는 해석으로 보인다. 던은 이것을 "마주할 수 있는 내주함의 현실(the encounterable reality of the indwelling)"이라고 부른다.[126] 로제는 "몸으로"라는 단어는 간단히 "신의 내주하심이 실재한다"는 것을 말하는 것이라고 결론 내린다.[127]

10절에서 "여러분도 그리스도 안에서 충만함을 받았습니다"는 그리스도인들이 그리스도, 곧 생명의 충만함을 주시는 분을 체험하는 것의 **완전함**을 강조한다. 거짓 교사들은 골로새 성도들을 꾀어 소위 영지주의자들의 규칙과 규정을 준수할 때까지는 완전함에 이를 수 없다고 설득하려고 노력했다. 그러나 그리스도는 모든 "주권과 통치하는 힘들"을 다스리시는 머리이시다. 다른 모든

---

125. Moule, *Colossians and Philemon*, 192.
126. Dunn, *Colossians and Philemon*, 152.
127. Lohse, *Colossians and Philemon*, 100.

권위는 그리스도 다음에 올 뿐이다.

그 다음 두 구절인 11-12절은 할례와 세례에 대한 구체적인 언급과 함께 그리스도께로 연합함이라는 주제를 이어간다. "그분 안에서 여러분도 손으로 행하지 않은 할례를 받았습니다"는 12절에서 "여러분은 세례로 그리스도와 함께 묻혔고"와 병치된다. 할례의 갑작스러운 도입이 너무 예상 밖이라 어떤 학자들은 이것이 바울의 교사들이 가르치고 있던 혼합주의의 한 특징이었다고 주장했다. 그러나 브루스가 분명하게 말하듯이, "그리스도의 할례는 일차적으로 난 지 8일이 된 유대인 유아로서 받으신 할례가 아니다(눅2:21). 오히려 그것은 그분의 십자가에 달리심, 곧 육신의 '벗어버리심(putting off)'이다. 그리스도가 유아 때 받으신 문자 그대로의 할례는 가장 좋게 말해서 그리스도의 십자가에 달리심을 미리 상징적으로 몸에 새긴 것이라고 할 수 있다."[128]

12절에서 바울은 이러한 할례는 손으로 하는 할례가 아니라고 분명하게 말한다. 다시 말해, 그것은 "영적 할례"이다(NRSV). 링컨은 이렇게 주해한다. "로마서 6장에서 바울이 그렇듯이 …… 그분의 죽으심과 묻히심과 부활 안에서 그리스도와 그들의 연합에 관하여 이야기하는 대신 …… 이 서신의 저자는 그리스도의 할례 안에서 그리스도와 그들의 연합을 이야기한다."[129] 이는 링컨이 명백한 바울 서신들과 이 서신 사이에 분명하고 결정적인 유사점들이 있지는 않을까 생각하는 많은 사례들 가운데 하나이다.

"여러분은 세례로 그리스도와 함께 묻혔고, 그리스도와 함께 살아났습니다"(2:12)는 로마서 6장 3-4절과 폭넓게 일치한다. 세례는 옛 질서는 지나간 것이요 끝났다고, 그리고 우리는 그리스도의 부활 안에서 그분과 연합되어 있다

---

128. Bruce, *Ephesians and Colossians*, 234.
129. Lincoln, *Colossians*, 623.

고 공표하는 것이다. 세례 안에서 우리는 세상 통치자들이 그들의 권력을 행사하는 사법 체계로부터 벗어난다. 이것은 그리스도께 참여함이라는 바울의 주제에 속한다. 골로새서 3장 1절이 이 주제를 더 자세하게 설명할 것이다. 바울의 다른 곳에서와 마찬가지로 하나님은 그리스도의 부활의 주체이시며 또한 신자들의 부활의 주체이시다. 부활이 가능함을 믿는 믿음이나 신앙은 본질적으로 부활을 가져오시는 하나님의 능력을 믿는 믿음이나 신앙이다. 골로새서에서 바울은 그리스도인들은 그리스도와 함께 **이미 부활했다**고 말한다(2:12). 많은 학자들이 로마서 6장에 있는 미래의 부활을 들어서 이것을 반대한다. 그러나 케어드는 이것을 지지하면서, 로마서 6장 5절에서 "될 것입니다(will be)"는 시간적(chronological) 미래라기보다는 논리적 미래라고 주장한다(만일 A가 진실이면, B도 진실이 될 것이다).[130] 그는 "세 가지 서신(로마서, 고린도후서, 빌립보서) 모두에서, 죽음과 부활안에서 그리스도와의 연합은 세례에서 제시되고 받아들여지는 객관적 현실이며, 그 결과들이 그리스도인들의 경험과 행동에서 나타나야 되고, 몸의 구속 안에서 궁극적인 확신의 보증이 제공된다."[131]라고 말한다.

13절에서 "또 **여러분은**(kai hymeis)"은 아주 단호한데, 여기에는 "여러분 이방인은", "여러분이 지은 죄(paraptōmasin, 이는 parapiptō[약해지다, 넘어지다]에서 파생한 것으로, '길을 잃다' 또는 '죄를 범하다'라는 뜻이다)로 말미암아 죽었습니다."가 암시되어 있다. 두 번째 어구인 "여러분의 육신(sarkos)이 할례를 받지 않은 것으로 말미암아"는 그들의 이방인 신분을 강조한다. 이 두 개의 어구가 합쳐져서 그들의 잃어버린 이전 상태를 가리킨다. 오브라이언이 말하듯이, 이방인으로서 그들은 "죽었고" 하나님으로부터 소외되고 떨어져 나갔다.[132] 그러나 "하나님께서 그리스도와 함

---

130. Caird, *Paul's Letters from Prison*, 194.
131. Caird, *Paul's Letters from Prison*, 194.
132. O'Brien, *Colossians, Philemon*, 122.

께 살리셨다(*synezōopoiēsen*)"도 확고한 입장을 취한다. 던은 이렇게 주해한다. "죽은 자를 살리시는 하나님(이제 주체이시다)은 부활을 이야기하는 또 하나의 방식이다."[133]

"지워 버리시고, 그것을 십자가에 못 박으셔서." 이 14절의 헬라어 원문은 복잡해 보인다. 그러나 바울이 이 말을 할 때 전제하고 있는 법률적 맥락을 완전히 이해하게 되면 뜻이 명확해진다. 동사 "지워 버리시고(*exaleipsas*)"는 '없애다', '지우다' 또는 '닦아 버리다'를 의미하지만, 법률적 맥락에서는 '철회하다(cancel)'가 의미를 가장 잘 담아낸다.

하나님이 철회하신 것은 무엇인가? 헬라어 '케이로그라폰(*cheirographon*)'은 '손으로 기록된 것'을 의미하지만, 법률적 맥락에서 이것은 서명자의 자필로 작성된 약속어음을 의미하는데, 종종 벌칙 조항이 따라 붙는다.[134] 우리가 번역한 "빚문서"에는 이런 점을 부각하려는 의도가 들어 있다. 더러는 이것을 '채권'으로 번역한다. 케어드는 이렇게 설명한다.

> 유대인들은 율법을 준수하기 위해서 계약서에 서명했다. 그리고 그들의 경우에 계약 위반에 따른 처벌은 죽음이었다(신27:14-26; 30:15-20). 바울은 이방인들이 그들이 이해하는 한에서 양심적으로 도덕법에 대한 유사한 준수의 책임을 다했다고 가정한다(cf. 롬2:14-15). 그 준수의 책임이 결코 해소되지 않았기 때문에, 벌칙 조항(즉 죽음)이 요구될 지속적인 위협이 있는 채권(또는 약속어음)은 우리에게 항상 불리했다.[135]

---

133. Dunn, *Colossians and Philemon*, 162.
134. Danker, BDAG, 1083은 명쾌하면서도 간결하다. Robertson, *Word Pictures in the New Testament*, vol. 4, 494와 Deissmann, *Bible Studies*, 247, 그리고 Deissmann, *Light from the Ancient East*, 332을 보라.
135. Caird, *Paul's Letters from Prison*, 195 (his italics).

따라서 채권은 우리에게 불리했다. "우리에게 불리한(hypenantios)"은 이중복합형용사(hypo+en+antios)로, 신약성경에서는 히브리서 10장 27절에서 딱 한 번 사용된다. 그러나 링컨은 이 '문서'의 배경이 묵시록, 곧 선행과 악행을 기록한 책에서 발견되는데, 여기서 기소장이 '우리에게 불리하게' 제기되고 그다음에 삭제될 수 있다고 주장한다.[136] 링컨은 스바냐의 묵시록(apoc. zeph.) 3장 6-9절과 7장 1-8절을 그러한 자료로 인용한다. 그러나 꽤나 설득력이 있음에도 불구하고, 구약성경에서 가져온 케어드의 (위에서 말한) 설명은 추측이 다소 부족한 것처럼 보인다.

맥나이트는 "십자가에 못 박으셔서"(14절)는 두 가지 행위가 수행된 것, 곧 ① 지우고 ② 제하여 버렸다는 것을 의미하는 것이 아니라, '한 가지 주된 행위(새 창조)'가 다양하게 강구되었다는 것을 의미한다고 설명한다. 그는 말하기를, 이것이 확실한 것은 십자가가 처벌의 도구이기 때문이라고 한다. 사실 그 "범죄"는 "유대인의 왕"이라고 십자가에 붙인 죄목에서 공표되었다.[137]

우리가 "무장 해제시키시고(apekdysamenos)"로 번역한 15절의 헬라어 또한 '옷을 벗기다' 또는 '떠나다, 벗기다'(3장 9절에서처럼)를 의미한다. 그러나 댄커와 다른 학자들은 지금 이 맥락에서는 '무장 해제시키다', '빼앗다'를 선호한다.[138] 다수의 그리스 교부들, 그리고 현대의 라이트푸트와 오브라이언은 적대적 세력들은 십자가에 달리신 예수님께 매달렸다가 영원히 찢겨져 내버려졌다고 제안한다.[139] 핸슨은 "드러내셔서(edeigmatisen en parresia)"는 '그들의 본모습을 보여주셨다'를 의미한다고 제안한다.[140] "승리의 개가를 올리셨습니다"는 고린도후서

---

136. Lincoln, *Colossians*, 625.

137. McKnight, *Colossians*, 250.

138. Danker, BDAG, 100.

139. Lightfoot, *Colossians and Philemon*, 188; O'Brien, *Colossians, Philemon*, 127.

140. Hanson, *Studies in Paul's Technique and Theology*, 10-11.

2장 14절에도 등장한다. 이곳과 고린도후서에서의 이미지는 군사적 승리를 경축하는 것으로, 개선 행진을 할 때 로마 장군은 포로들 앞에 선다.[141] 그리스도의 승리는 십자가 위에서 획득되었다. 라이트푸트는 "죄수의 사형대는 승리자의 전차이다."[142]라고 주해한다. 바울은 여기서 복합적인 은유들을 사용하는 것 같지만, 이는 그가 종종 사용하는 방법이다. 무는 2장 10절에서 바울은 그리스도의 머리되심을 창조세계를 다스리시는 그분의 자리에 기인하는 것으로 보았지만, 여기 15절에서 그리스도는 그분의 십자가 때문에 머리가 되신다고 강조한다.[143] 그는 '아페크디사메노스(apekdysamenos, 옷을 벗기다, 무장 해제시키다)'가 해석에서 차이를 일으킨다는 것을 인정하지만, 그 의미는 능동적이라고 결론 내린다. 즉 "그[그리스도]가 권력들과 권위들로부터 [옷을] 벗기셨다" 또는 그들을 무장 해제시키셨다는 것이다. 무는 이렇게 주해한다. "항상 합당하게 인식되지 않는 핵심 요인 중 하나는 여기서 그 동사 뒤에 따라오는 인칭 목적어[곧, 통치자들과 권력들]이다."[144] 파오도 똑같은 결론에 이른다.[145]

141. Williamson, "Led in Triumph: Paul's Use of Thriambeuō."
142. Lightfoot, *Colossians and Philemon*, 188.
143. Moo, *Colossians and Philemon*, 212.
144. Moo, *Colossians and Philemon*, 213.
145. Pao, *Colossians and Philemon*, 172.

⟨묵상을 위한 질문⟩

1. 우리가 사도의 전통을 "받았다" 하더라도, 여전히 얼마나 많은 것들이 그리스도인의 삶을 적극적으로 "행하는 것"에 달려 있을까?

2. 바울이 사용한 "뿌리를 박다"라는 은유는 "굳게 터를 잡다"라는 또 다른 은유를 얼마나 보완하고 분명하게 하는가? 왜 이 둘 모두가 필요한가?

3. 오늘날 그리스도인들이 "세상의 원리"에 유혹되어 사로잡힐 가능성이 가장 높은 것들은 무엇인가? 바울이 여기서 사용하는 "철학"이라는 용어는 그 일반적인 용법과 어떻게 다른가?

4. 우리가 볼 수 없는 하나님이 예수 그리스도 안에서 "몸으로" 그분을 드러내셨다면, 어째서 우리는 하나님이 때로는 멀리 계시거나 막연하게 느껴진다고 불평하는가?

5. 바울은 왜 우리가 그리스도 안에서 "충만함을 받는다"라고 말하는가? 이 용어는 바울이 그의 대적에게서 가져온 것인가? 아니면 이것은 충분함 및 완전함과 관련이 있는가? 아니면 둘 다인가?

6. 오늘 우리가 생각하는 그리스도가 머리가 되시는 '권세(ruling forces)'는 어떤 것인가?

7. 우리 같은 이방인 독자들은 영적 할례를 어떻게 받아들이는가? 왜 세례는 "벗어 버리는 것"과 "입는 것"의 표시인가?

8. 유대인의 "빚문서"[NRSV, "우리에게 불리하게 기록되어 있는"]는 이방인인 우리에게 어떤 영향을 끼치는가?

9. "취소(cancelling)", "삭제(erasing)", "용서(forgiving)"는 우리의 의무를 십자가에 못 박는 것과 어떤 관계가 있는가?

10. 하나님의 승리는 그리스도께서 십자가에서 권세들과 권력들(또는 통치자들과 권위들)을 "구경거리로 삼으시는 것"과 어떤 관계가 있는가?

(4) 유대인의 율법으로부터 너희의 자유, 곧 그리스도인의 자유를 지키라(2:16-23)

16그러므로 먹고 마시는 일이나 명절이나 초승달 축제나 안식일 문제로, 아무도 여러분을 심판하지 못하게 하십시오. 17이런 것은 장차 올 것들의 그림자일 뿐이요, 그 실체는 그리스도께 있습니다. 18아무도 자발적인 자기비하와 천사 숭배를 기쁨으로 받아들이면서 여러분을 실격시키지 못하게 하십시오. 그런 자는 자기가 본 환상에 의지하고 있고, 육신의 생각에 사로잡혀 터무니없이 허세를 부립니다. 19그는 머리에 꼭 붙어 있지 않습니다. 온 몸은 머리이신 그리스도로부터 각 마디와 힘줄을 통하여 영양을 공급받고, 서로 연결되어서 하나님께서 자라게 하시는 대로 자라나는 것입니다. 20여러분은 그리스도와 함께 죽어서 세상의 유치한 원리에서 떠났는데, 어찌하여 아직도 이 세상에 속하여 사는 것과 같이 규정에 얽매여 있습니까? 21"붙잡지도 말아라. 맛보지도 말아라. 건드리지도 말아라" 하니, 웬 말입니까? 22이런 것들은 다 한때에 쓰다가 없어지는 것으로서, 사람의 규정과 교훈을 따른 것입니다. 23이런 것들은 꾸며낸 경건과 겸손과 몸을 학대하는 데는 지혜라는 명성을 얻고 있지만, 육체의 욕망을 억제하는 데는 아무런 유익이 없습니다.[146]

1) 음식, 절기와 관련한 자유(2:16-17)

케어드는 "유감스럽게도 이것은 그[바울]가 지금까지 쓴 가장 모호한 단락들 가운데 하나이다."[147]라고 말한다. 아마도 이것은 거짓 교사들이 사용한 용어를 바울이 인용하고 있기 때문이라고 그는 덧붙인다. 헬라어 특유의 복합성 때문

---

146. 본문 주: 2장 13절과 23절에는 다양한 독해가 존재한다. 그러나 두 구절 모두 영어로 옮기면 부자연스럽다. 23절에서 "and(또)"는 헬라어에서는 분명하지 않다. 많은 학자들이 이 단어를 필사자가 삽입했다고 가정한다. 그렇지만 UBS 위원회는 "and"가 우발적으로 누락되었다고 간주하고, 이 단어를 포함하는 것을 지지했다. 이는 Sinaiticus, A, C를 따른 것이다.
147. Caird, *Paul's Letters from Prison*, 196.

에 많은 헬라어 단어들이 한 가지 이상의 의미를 가지고 있어서 해석을 필요로 한다.

로제는 "고대 세계에서는 남자는 금욕과 금식으로 신을 섬기고, 신에게 더 가까이 가고, 또는 신의 계시를 받을 준비를 할 수 있다는 사고가 널리 퍼져 있었다."[148]라고 기록한다. 바울은 독자들에게 누구도 그들이 먹거나 마시기로 선택한 것에 대해 그들을 판단하지 말아야 한다고[149] 말한다. 여기서 바울은 아마도 고기와 포도주를 금하는 엄격한 금욕 규정들을 언급하고 있을 것이다. 17절에서 그는 "세속적인 마음의 헛된 자만심으로 가득 차 있는"(NEB) 거짓 교사들을 공격하고 있다. 대조를 이루는 단어 쌍인 "그림자(skia)"와 "실체(sōma)"에서, 실체는 그리스도이시다. 로제는 강조하기를, "복제본과 원본의 관계 또한 필시 골로새 '철학'의 가르침에서 어떤 역할을 했을 것이다."[150]라고 한다. 그럴 가능성이 상당하지만, 주된 관심사는 기독교 종말론에 관한 것이다. 라이트는 이렇게 주해한다. "이러한 것들[곧 유대교의 규정들]은 그리스도의 새 시대를 위한 준비였다."[151]

18절에서 (라이트푸트와 같은) 옛 주석가들은 "너희 상을 빼앗다"를 '브라뷰오(brabeuō)', 곧 상에서 파생한 것으로 이해했다. 그러나 케어드는 '실격시키다'로 번역할 것을 주장하는데, 왜냐하면 이 헬라어가 '브라뷰스(brabeus)', 곧 심판(umpire)에서 파생한 단어로, 여기서는 이것이 '누구에게 불리한 심판으로 행동하다', 곧 '실격시키다'(AV/KJV, NRSV, 그리고 라이트)를 의미하기 때문이라는 것이다.[152] 댄커는 "너희 상을 빼앗다"를 취하고, NJB는 "너희 상을 속여 빼앗다"를

148. Lohse, *Colossians and Philemon*, 115.
149. J. B. Phillips has "criticize them."
150. Lohse, *Colossians and Philemon*, 116.
151. Wright, *Colossians and Philemon*, 123.
152. Lightfoot, *St Paul's Epistles to the Colossians and to Philemon*, 195; Caird, *Paul's Letters from*

취한다. 그리고 로버트슨과 마울은 두 가지 가능한 유래를 모두 수용한다.[153] 맥도널드는 "고대 문헌에서 이것은 부당하게 상을 빼앗기는 것을 의미한다. …… 여기서 논쟁의 대상인 상은 틀림없이 구원이다."[154]라고 기록한다.

마울은 이렇게 기록한다. "의식을 중시하는 신지주의자들(theosophic ritualist)은 그들의 반대자인 바울파는 경주에서 진정한 경쟁자가 전혀 아니라고 선언한다."[155] "너희가 먹고 마시는 것"은 아마도 구약의 '코쉐르(kosher)' 규정을 가리키는데, 바울 시대에 이르면 포도주까지 여기에 포함될 정도로 확대되었다(cf. 레 10:9과 민6:3). 우리가 "그림자"를 온전히 실재하는 것이 아니라는 플라톤적 의미로 이해하든지, 아니면 "다가오는 것들의 그림자"라는 종말론적 의미로 이해하든지, 완전한(solid) 성취는 오직 그리스도 안에만 있다. 이 성취는 물질적인 것들과는 아무런 관련도 없다.

2) 금욕, 천사 숭배와 관련한 자유(2:18-19)

18절에서 "기쁨으로 받아들이면서(thelōn en)"는 신약성경에 여기서 딱 한 번 나타나지만, 라이트푸트와 다른 학자들은 이 번역을 옹호한다.[156] JB는 "천사들에게 엎드리고 그들을 숭배하는 것을 좋아하는 사람들"을 취하고, NJB는 "천사들에게 엎드리고 그들을 숭배하는 것을 기꺼이 선택하고, 환상을 보고 희망

Prison, 198.

153. Danker, BDAG, 515; Robertson, *Word Pictures in the New Testament*, vol. 4, 496; Moule, *Colossians and Philemon*, 103.

154. MacDonald, *Colossians, Ephesians, 111.*

155. Moule, *Colossians and Philemon*, 104. 역주: "theosophic ritualist"는 16절의 "먹고 마시는 것과 절기나 초하루나 안식일을 이유로" 골로새 성도들(대부분 이방인)을 비판하는 무리, 곧 유대교의 의식을 철저히 지켜야 한다는 거짓 "철학"을 따르는 무리를 이르는 말이다. 마울은 후대에 출현하는 '영지주의'라는 용어를 피하려는 의도에서 유사한 의미를 지닌 "신지주의자"(19세기 미국에서 출현한 신지주의(Theosophy)와는 별개)라는 용어를 가져온 것으로 보인다.

156. Lightfoot, *St. Paul's Epistles to the Colossians and Philemon*, 195.

을 품는 사람들"을 취한다. 케어드는 라이트푸트를 다음과 같이 풀어서 주해한다. "은혜의 보좌에 직접 호소하지 않고, 이런 낮은 존재들을 중재자로 택해서 겸손을 과시했다."[157] 케어드는 또한 "천사 숭배"라는 바울의 표현에는 "그들[곧 거짓 교사들]의 행습에 대한 바울의 경멸적인 배척"이 들어 있다고 이해한다. 그는 이렇게 덧붙인다. "구약성경에서 뽑아낼 수 있는 가장 엄격한 규정들에 대한 존경심에서, 그들은 실제로 율법이 그들에게 주어지는 데 통로의 역할을 한 천사들을 직접 숭배하고 있다(행7:53; 갈3:19; 히2:2)." 칼뱅은 한편으로는 "미신을 믿는 사람들"은 항상 천사를 숭배한다고 지적하면서 이것은 잘못된 것이라고 단언하지만, 다른 한편으로 그는 우리가 여전히 천사에게 경의를 표해야 한다고 말한다.[158]

"자기가 본 환상에 의지하고 있고"는 이러한 상상 속의 계시들에 의존한다는 의미이다. 라이트푸트는 헬라어 '에오라 케넴바튜온(*eōra kenembateuōn*)'을 제시하면서, "허공을 밟고 있고"라는 번역을 제안한다.[159] 마울도 마찬가지로 "자기가 본 환상의 실체 없는 기초 위를 걷고 있고"를 제안한다.[160] 케어드는 이렇게 주해한다. "환상에 의지한다는 것은, 주석가들을 크게 당황케 해서 많은 이들로 하여금 추정적인 모방에 의존하게 만든, 세 단어의 의미에 대한 어떤 추측만큼이나 좋은 추측이다. 문제는 이 해석이 그 동사의 확인된 의미들 중 어느 것과도 정확하게 일치하지 않는다는 것이다. 반면에 확인된 의미들은 받아들일 수 있는 어떤 의미도 제공하지 않는다."[161]

브루스는 더욱 직접적으로 실제적인 수준에서 주해한다. "어떤 사람들은 비

---

157. Caird, *Paul's Letters from Prison*, 199.

158. Calvin, *Philippians, Colossians, and Thessalonians*, 196.

159. Lightfoot, *St. Paul's Epistles to the Colossians and Philemon*, 197.

160. Moule, *Colossians and Philemon*, 106.

161. Caird, *Paul's Letters from Prison*, 199.

상한 경건함을 과시하는 것을 좋아한다. …… 그들은 더 높은 영적 경험의 단계로 가는 길을 발견한 것처럼 가장한다. 마치 그들이 지식이 없는 자들에 비해 무한한 이점을 얻게 된 신성한 신비에 입문한 것처럼 말이다. 당연히 이러한 종류의 주장은 '내부 집단(inner ring)' 개념에 항상 이끌리는 사람들에게 깊은 인상을 준다."[162] "육신의 생각" 또는 "감각적인 생각"은 헬라어 '투 누스 테스 사르코스 아우투(tou noos tēs sarkos autou)'를 번역한 것인데, 마울은 이것을 "문자 그대로 번역하면 불가능한 어구인 '자기의 육신의 마음(his physical mind)'"이라고 부른다.[163]

19절을 주해하면서 브루스는 이렇게 말한다. "개인적인 종교적 체험에서 이러한 자기 과장과 자부심은 머리와의 접촉을 유지하고 있지 않아서 생긴다."[164] 그는 몸의 각 부분은 그것이 머리의 제어를 계속 받고 있으면 제대로 작동한다고 덧붙인다. 그러나 몸의 각 부분이 독자적으로 행동한다면, 곤란한 결과가 따를 수 있다. "머리에 꼭 붙어 있지 않습니다(ou kratōn tēn kephalēn)"라는 은유의 적용, 곧 그리스도의 머리되심은 매우 정확하다. 비록 바울 시대의 생리학이 머리의 역할을 완전히 풀어내지 못했다고 하더라도 말이다. 그리스도의 머리되심은 이 서신의 중심 주제이다. "서로 연결되어서(synbibazomenon)"는 현재지속수동분사인데, 이는 "마디와 힘줄"과 결합하여 이러한 핵심[그리스도의 머리되심]을 강조한다.[165] **머리 아래서 하나가 될 때**, 몸은 멋진 조화를 발휘한다. 성장은 하나님께로부터 오는 성장과 함께 온다.

162. Bruce, *Ephesians and Colossians*, 246.
163. Moule, *Colossians and Philemon*, 106.
164. Bruce, *Ephesians and Colossians*, 251.
165. 아리스토텔레스와 갈레노스(Galen)는 이러한 심리학적 용어들을 사용한다.

3) 자유는 그리스도와 함께 죽음을 의미한다(2:20-23)

11-12절에서 바울은 이미 독자들에게 그들이 그리스도의 죽으심을 서로 나누었고, "세례로 그리스도와 함께 묻혔다."라고 말했다. 케어드는 이것을 "대신하는, 집합적 죽음(a vicarious, corporate death)"이라고 부른다.[166] 그리스도는 전 인류를 대표하여 죽으셨다. 그리스도인 신자들은 이제 그리스도의 죽으심을 하나의 대표하는 사건으로 받아들이는데, 이는 그들의 이름으로 겪은 사건이었다. 세례로 그들은 그리스도의 죽으심을 그들 자신의 것으로 만든다. 이에 따른 필연적 결과는 그리스도와 함께 신자들은 이 세상의 원리들에 대해 죽었다는 것이다. 그러므로 그들은 또한 세상의 규정들에 대해서도 죽었다. 그들에게는 더 이상 세상의 질서를 지켜야 할 어떤 의무도 없다. 이 구절은 공동체의 그리스도와 함께 죽음의 최종성을 확인한다. 죽음은 노예를 주인과 하나로 묶는 끈이 된다. 그리스도인들에게는 더 이상 권세들과 권력들에 봉사하거나 세상에 봉사할 의무가 없다.

세상의 규정들은 철저하게 부정적인 규정들로 나타난다. "붙잡지도 말아라. 맛보지도 말아라. 건드리지도 말아라"(2:21). 브루스는 아동의 발달에 단계가 있을 수 있는데, 곧 아이가 이것을 하지 말라고 또 저것을 만지지 말라고 들어야 할 때가 있지만, 아이가 분별할 수 있는 나이가 되면 더 책임감 있는 관점으로 인생을 보고 유아 시절에나 어울리는 금지 목록을 따르지 않고도 적절한 것을 행할 수 있을 때가 있다고 제안한다.[167] 순전히 부정적인 규칙들만으로는 그리스도인다운 삶을 유지하고 성장시키는 데 효과가 없다.

맥나이트는 이런 규칙들에 대해 이렇게 설명한다. "'붙잡지 말라! 맛보지 말

---

166. Caird, *Paul's Letters from Prison*, 201.
167. Bruce, *Ephesians and Colossians*, 254.

라! 건드리지 말라!'라는 세 가지 용어는 필시 비꼬는 목록인데, 이는 적대자들의 종교의 유대교스러움(Jewishness)을 다시 확인하는 것이다. 이 부정들은 종교적 환상, 신비적 체험, 그리고 특별한 계시를 자극하기 위해 고안된 금욕적인 거부들에 초점을 맞춘다."[168] 그는 말하기를, 이 세 가지 항목은 바울의 관점에서 반대자들에게 가장 중요한 것을 설명하는 것이 바로 '스토이케이아(stoicheia)'임을 정확하게 보여 준다고 한다. 우리는 "붙잡지 말라!(mē hapsē)"와 "건드리지 말라!(mēde thigēs)" 사이에 어떤 차이도 설득력 있게 설명할 수 없다. 맥나이트는 "붙잡지 말라!"는 신성한 것이나(출19:12) 금지된 것(레5:3)을 만지지 말라는 것일 수 있다고 덧붙인다. 이것들은 할라키(halakic) 음식법이나 정결법과 관련이 있을 수도 있다.

22절에 따르면, 아마도 거짓 교사들이 제안한 이러한 명령들은 "한때에 쓰다가" 없어져야 한다(estin eis phthoran tē apochrēsei, 즉, 그것들은 사용하다가 소멸되기 위한 것이다). "없어지다"는 부패나 분해를 뜻한다. 라이트푸트는 이렇게 질문한다. "왜 당신은 덧없는 것들에 본질적 가치를 부여하는가? 당신 자신이 영원의 시민인데, 아직까지 당신의 생각은 부패할 수 있는 것들에 빠져들고 있다."[169]

이러한 금지들이 그들에게서 지혜라는 명성을 얻고 있다(23절). 왜냐하면 사람들이 이것들을 피타고라스학파와 같은 철학 학파들과 관련 있는 것으로 생각하고, 그래서 이것들이 값싼 존경심을 얻고 있기 때문이다. 애보트, 로버트슨, 브루스, 마울, 그리고 아마도 라이트푸트와 라이트는 "지혜라는 명성(logon sophias)"이라는 번역을 "지혜의 모양"보다 더 선호한다.[170] 거짓 교사들의 지혜

---

168. McKnight, *Letter to the Colossians*, 283.

169. Lightfoot, *St Paul's Epistles to the Colossians and to Philemon*, 204.

170. Wright, *Colossians and Philemon*, 132는 "아마도 평판을 얻기 위해"라고 말한다. Moule, *Colossians and Philemon*, 108.

의 명성은 부분적으로 그들이 금욕적 철학 학파들과 연결되어 있는 데서 비롯되었지만, 이것은 여전히 **자력** 종파(self-made cult)로 남아 있다. "꾸며낸 경건" 또는 "경건의 열정"(ethelothrēskia)은 그리스 문학 어디에도 나타나지 않는데, 몰턴(Moulton)과 밀리건(Milligan)은 바울이 이미 그리스에 존재했던 합성어들의 유비에서 이 단어를 고안해 냈다고 제시했다. 강조점은 준수에 대한 자발적 속성에 있다. 이것은 의무의 선을 넘는 경건을 의미한다. 이것은 하나님이 요구하지 않으신 그분의 요구사항들에 추가해서 하나님께 드린 것이다.

23절 후반부의 헬라어를 문자 그대로 하면 "육체의 욕망에 저항하는 데는 아무런 유익이 없다"이지만, 마틴은 이렇게 옮긴다. "육체의 욕망을 억제하는 데는(in checking) 아무런 유익이 없다." 라이트는 이렇게 결론 내린다. "엄격한 규율처럼 보이는 것이 사실은 자기 욕망의 은밀한 형식이다. 이것은 이 구절의 대부분을 삽입구로 읽게 한다. '이것들은 (비록 자발적 숭배, 자기를 낮추는 자세, 그리고 가혹한 육체적 단련, 일체의 무가치한 것들로 지혜의 명성을 얻었지만) 단순히 육체를 만족시키는 방식일 뿐이다."[171]

---

171. Wright, *Colossians and Philemon*, 132.

⟨묵상을 위한 질문⟩

1. 다른 사람이 우리를 어떻게 생각하는지 지나치게 염려하는가? 다른 사람의 양심에 대한 민감함과 다른 사람의 의견이 우리의 행동을 좌우하도록 하는 것 사이에서 어떻게 하면 균형을 유지할 수 있을까?

2. 겉모습이 내면의 의미를 지배하게 되어 우리가 행하는 의식과 예식의 궁극적 목적이 상실될 수도 있지 않을까? 우리는 너무 까다롭게 의식을 지키려고 하지 않는가?

3. 어떻게 하면 천사의 사역을 과소평가하는 것과 하나님이 우리의 중보자로 세우신 그리스도의 자리에 다른 중재 권력들을 올려놓는 것 사이에서 바른 균형을 찾을 수 있을까?

4. 개인적인 계시라고 생각하는 것들이 공적인 진실이나 사도적인 복음보다 우선할 수 있을까? 어떻게 하면 우리는 다른 사람들에 대해 비판적이고 상식적인 판단과 존경을 유지하면서도 우리에게 말씀하시는 하나님의 음성을 주의 깊게 들을 수 있을까?

5. 그리스도께 가까이 나아감이 우리 그리스도인 공동체에 진정으로 "연합함(knit together)"이 있는지의 여부를 얼마나 많이 결정할까?

6. 우리는 정말로 그리스도와 함께 죽은 삶을 살아가고 있는가? 우리가 세례 받은 대로 살아간다는 것은 어떤 의미인가?

7. 금지 규정들이 우리의 윤리적 행동을 지배할 수 있을까? 우리가 어린아이와 같이 법과 규정을 준수할 수도 있을까?

8. 어떤 의미에서 규정들은 그것들을 사용하는 과정에서 소멸될 수 있는가? 인간의 계명들을 하나님의 계명들로 너무 쉽게 착각할 수 있는가?

9. '금욕주의'의 장점에 우리가 너무 쉽게 끌리는 걸까? 아니면 우리의 문제는 자기 수양이 부족하다는 정반대의 문제일까?

10. 우리는 그리스도께서 우리를 자유롭게 해주신 그리스도인의 자유에 기뻐하는가? 우리는 그리스도와 함께 죽고 함께 살리심을 받은 결과들을 완전히 실감하고 있는가?

3. 실천:
일상생활에서 실천해야 하는 그리스도의 규율(3:1-4:6)

(1) 새로운 부활의 삶: 옛 행실을 버림(3:1-11)

¹그러므로 여러분은 그리스도와 함께 살려 주심을 받았으니, 위를 추구하십시오. 거기는 그리스도께서 계신 곳이니, 그곳에서 그리스도는 하나님의 오른쪽에 앉아 계십니다. ²여러분은 땅에 있는 것들을 생각하지 말고, 위에 있는 것들을 생각하십시오. ³여러분은 이미 죽었고, 여러분의 생명은 그리스도와 함께 하나님 안에 감추어져 있습니다. ⁴여러분의 생명이신 그리스도께서 나타나실 그때, 여러분도 그분과 함께 영광에 싸여 나타날 것입니다. ⁵그러므로 땅에 속한 지체의 일들, 곧 성적 악덕과 부정과 정열과 악한 욕망과 만족할 줄 모르는 탐욕을 죽은 것으로 여기십시오. 탐욕은 우상숭배입니다. ⁶이런 것들 때문에, 하나님의 진노가 내립니다. ⁷여러분도 전에 그런 것에 빠져서 살 때는, 그렇게 행동하였습니다. ⁸그러나 이제 여러분은 그 모든 것, 곧 분노와 격분과 악의와 훼방과 여러분의 입에서 나오는 부끄러운 말을 버리십시오. ⁹서로 거짓말을 하지 마십시오. 여러분은 옛 사람을 그 행실과 함께 버렸습니다, ¹⁰그리고 여러분은 새 사람을 입었습니다. 이 새 사람은 자기를 창조하신 분의 형상을 따라 온전한 지식을 목표로 하여 끊임없이 새로워집니다. ¹¹거기에는 이방인과 유대인도, 할례 받은 자와 할례 받지 않은 자도, 야만인도 외국

인도, 노예도, 자유인도 존재하지 않습니다. 오직 그리스도만이 계십니다. 그분은 모든 것이며 모든 것 안에 계십니다.[1]

1) 여러분은 그리스도와 함께 살려 주심을 받았습니다(3:1-4)

1절의 그리스어 원문을 문자 그대로 번역하면 "만약 ~하면(if)"을 넣어야 하지만(만약 여러분이 그리스도와 함께 살려 주심을 받았으면), 대부분의 현대 번역본들은 이 구절을, 가정하여 말하는 문장이 아니라 이유를 나타내는 문장 또는 당연히 사실로 여겨 말하는 문장으로 바르게 해석한다. 브루스가 주해하듯이, 그리스도인은 그리스도와 함께 다시 살리심을 받았기 때문에, 그들의 관심사, 곧 그들의 마음, 태도, 열망, 그리고 전체적인 전망은 이제 그리스도에게 집중되어 있다.[2] 링컨은 이 구절들(1-4절)이 그리스도와의 연합이라는 주제의 일부라고 말한다.[3] 브루스는 세상은 그리스도를 볼 수 없듯이 현재 독자들의 실제 삶도 볼 수 없다고 덧붙인다. 스콧의 말을 빌리면, "그리스도와 함께 살아남으로써 그리스도를 따르는 사람들은 그리스도의 마음과 뜻을 공유한다. 그들은 새로운 세계로 들어간다."[4] 신자들이 현재 겪는 그리스도에 관한 경험은 그들이 천국의 영역(heavenly realm)과 연결되어 있다는 관점에서 표현된다(고전15:47-49; 갈4:26; 빌3:20). 1절에서 "위"는 천국과 동의어이다. 부활의 삶은 **천국의** 삶이다.

라이트는 이렇게 평한다. "이 서신의 이 부분에서 눈에 띄는 가장 두드러진

---

1. 본문 주: 3장 6절에서 일부 필사본(MSS)에는 "불순종의 아들들에게"가 들어 있다. 일부 역본은 이 어구를 포함하고 있지만 괄호 안에 넣어 두고 있다. Aland의 헬라어 본문이 그렇다. NRSV는 난외주에 "순종하지 않는 자들"을 넣어 두고 있다. NJB와 NIV는 이 의심스러운 어구를 본문에서는 빼고 대신에 난외주에 남겨 둔다. 필립스는 이 어구를 본문에 포함하고 있다. 그리고 AV/KJV도 이 어구를 포함하고 있다. 어떤 필사자가 에베소서 5장 6절의 순수한 어구들을 무의식적인 익숙함 때문에 포함해 두었다고 가정하기도 한다.

2. Bruce, *Ephesians and Colossians*, 257.

3. Lincoln, *Colossians*, 637.

4. Scott, *Colossians, Philemon, and Ephesians*, 62.

특징은, 3장 5-11절과 3장 12-17절에 기술되어 있듯이, 옛 삶과 새로운 삶의 날카로운 대조이다. 즉 잠시 옛 삶의 특징을 곰곰이 생각해 보면서 그것의 전체적인 분위기와 삶의 스타일을 감지한 다음, 갑자기 새로운 삶으로 전환하는 것이 매우 효과적이다."[5] "위"는 그리스도가 현재 어디에 계시는지를 알려 준다. 이 단어는 그리스의 이원론에서 그런 것처럼 단순하게 비물질적인 세계를 뜻하는 말이 아니다. 기독교는 부정적인 의미에서 '저세상을 지향하는(other worldly)' 신앙이 아니다. 기독교는 물리적 우주를 중시한다. "추구하십시오(zēteite)"는 '집중하다', '고려하다' 또는 '탐색하다'를 의미한다.

헬라어 원문에서 1절의 어순은 NRSV, NJB, 그리고 이 책의 번역에 있는 쉼표(,)를 강조한다. 이에 반해 NAB에는 "is" 뒤에 쉼표를 생략해 "is seated"로 문법적으로 잘못 연결한다. 따라서 이 구절은 이렇게 옮겨야 한다. "위를 ……, 거기는 그리스도께서 계신 곳이니, 그곳에서 그리스도는 하나님의 오른쪽에 앉아 계십니다(above, where Christ is, seated on the right hand of God)." 이를 다음과 같이 옮겨서는 안 된다. "위를 ……, 그곳에서 그리스도께서 하나님의 오른쪽에 앉아 계십니다(above, where Christ is seated at the right hand of God)."(NAB). "그리스도께서 계시다"는 "위"의 영역과 문법적으로 연결되어야 마땅하다. 라이트와 맥도널드는 이러한 핵심을 잘 지적한다.[6]

그리스도의 천국 좌정(heavenly session) 신학은 그리스도께서 하나님의 우편에 앉아 계시다고 오래전부터 말해왔다. 이 그리스도 승귀(exaltation)는 가장 이른 시기의 기독교에서 선포되었다. 보좌에 앉으셨을 때 그리스도께서는 하나님의 존귀하심과 지위에 필적하는 존귀와 지위를 받으셨다. "하나님의 오른쪽에"라

---

5. Wright, *Colossians and Philemon*, 133.

6. MacDonald, *Colossians, Ephesians*, 127; Wright, *Colossians and Philemon*, 136.

는 어구는 명백하게 시편 110편의 어휘를 사용한다. 시편 110편의 이 어휘는 그 밖에 히브리서에서 두드러지게 사용되며, 마가복음 12장 35-37절에서는 예수님에 의해 사용된다. 그리고 사도행전에 따르면, 가장 이른 시기 교회의 설교에서도 이 어휘가 중요하게 다뤄졌음을 알 수 있다(예. 행2:34-35의 베드로의 오순절 설교).

맥나이트는 이렇게 주해한다. "'하나님의 오른쪽에 앉아 계십니다'에서 우리는 초기 기독교의 기독론이 지닌 심오함으로 들어간다. ······ 그리스도는 아버지 우편에서 다스리시며(행2:33-36; 고전15:25; 엡1:20; 히1:3, 13; 10:12, 13; 벧전3:22; 계3:21; 22:1-3), 바로 그 자리로부터 그리스도는 또한 우리를 위하여 간구하신다(롬8:34; 히 7:25; 벧전3:22)."[7] 로빈 윌슨(R. McL. Wilson)은 이렇게 주해한다. "이 점은 ······ 초기 그리스도인의 사고방식에서 우리가 주목해야 하는 추세와 경향을 제시한다. 이는 후대의 발전을 이해하는 데 도움을 준다. ······ [그러나] 우리의 저자가 바울의 고유한 가르침을 사실상 넘어섰다 하더라도, 그렇게 멀리 가지는 못했다."[8]

그리스도 안에 있는 생명(life, 삶)은 "감추어져 있다." 이것은 평범한 삶, 곧 눈에 보이는 삶의 여러 면면과는 대조를 이루는 삶이다. 이 평범한 삶에서 우리는 다른 사람들이 겪는 것과 똑같은 결핍, 똑같은 한계를 경험하며, 똑같은 사회적이고 환경적인 압력을 받을 수밖에 없다. 그리스도 그분은 지금 천국에 '감추어져' 계신다. '감추어지다'는 '부재하다(absent)'를 의미하지 않는다. 요한일서에도 유사한 개념이 있다. "이제 우리는 하나님의 자녀입니다. 앞으로 우리가 어떻게 될지는 아직 밝혀지지 않았습니다만, 그리스도께서 나타나시면, 우리도 그와 같이 될 것임을 압니다."(요일3:2, 새번역). 링컨은 이렇게 말한다. "그들을 위해 성취하신 것을 선용하겠다는, 진정한 위의 영역을 '추구하겠다'는 간절한 결단이

---

7. McKnight, *Letter to the Colossians*, 292.
8. Wilson, *Colossians and Philemon*, 237.

있어야 한다."[9] 이러한 결심을 하도록 동기를 부여하는 중심에 그리스도가 계신다. 그들은 "위"에 있는 것들을 추구해야 한다. 왜냐하면 바로 거기에 그리스도가 계시기 때문이다.

브루스는 이렇게 주해한다. "사도들은 자신들이 그리스도의 승귀에 대하여 이야기할 때 비유적인 언어를 사용하고 있다는 것을 매우 잘 알고 있었다. 그들은, 우리가 그렇게 생각하지 않듯이, 문자 그대로 하나님의 오른쪽에 있는 문자 그대로의 보좌 위라는 위치를 전혀 생각하지 않았다. 문자 그대로의 보좌에 앉아 계시는 그리스도라는 틀에 박힌 예술적 표현이 심어 놓은 정적(靜的)인 인상은 신약성경의 역동적인 개념과는 상당히 다르다." 브루스는 계속해서 이렇게 말한다. "사도들이 보좌에 앉으심과 하나님의 오른쪽이라고 표현하면서 이해했던 것은 그들이 동일한 개념을 담아내기 위해 사용하던 다른 용어들에서 분명해진다. '하늘과 땅 위와 땅 아래 있는 모든 것들이 예수의 이름 앞에 무릎을 꿇고, 모두가 예수 그리스도는 주님이시라고 고백하여, 하나님 아버지께 영광을 돌리게 하셨습니다.'(빌2:10-11, 새번역)"[10]

2절은 그 강조점이 생각이 지속되는 과정(*phroneite*)에 있다는 점을 제외하면, 1절의 주제를 반복한다. 마틴은 "여러분의 생각이 더 높은 영역에 거하도록 하십시오."라고 해석한다.[11] 로버트슨은 이렇게 주해한다. "우리가 생각하는 것이 무엇인지가 중요하며, 우리는 우리의 생각에 책임을 져야 한다."[12] 다른 한편으로 로버트슨은 바울은 우리가 땅에 속한 것들, 곧 일상의 것들을 절대로 생각해

---

9. Lincoln, *Colossians*, 638.
10. Bruce, *Ephesians and Colossians*, 258-59. 역주: 브루스는 신약성경의 역동적 그림을 다음과 같이 서술한다. "승귀하신 그리스도께서는 그분의 성령으로 온 세상에 들어가셔서 정복하시며 계속 정복하실 것이다(the exalted Christ going forth by his Spirit in all the world, conquering and to conquer.)"
11. Martin, *Colossians and Philemon*, 101.
12. Robertson, *Word Pictures in the New Testament*, vol.4, 500.

서는 안 된다고 말하지 않는다고 덧붙인다. 그리스도인은 발을 땅에 딛고 있어야 한다. 바울은 우리가 위에 있는 것들에 마음을 두기를 원하는데, 그것은 이 땅에서 살아가는 매일의 삶에서 꼭 필요한 것을 회피하기 위해서가 아니라, 승귀하신 그리스도를 바라보면 지금 여기서 살아가는 우리의 삶을 바른 맥락과 빛 가운데서 볼 수 있는 좋은 관점을 얻게 되기 때문이다.

링컨은 이렇게 주해한다. "이 명령은 땅에 있는 것들에 마음을 두기보다 하늘에 있는 것들에 마음을 두라는 명령이라고 할 수 있다."[13] 여기서 바울은 자신이 맞서고 있는 그 "철학"의 우주적 이원론, 곧 높은 영역은 영적이고 비물질적이기 때문에 선하지만, 낮은 영역은 물리적이고 물질적이기 때문에 악하다는 관념을 염두에 두고 있다. 이러한 이원론과 달리, 그리스도인의 사고는 바울의 "종말론적 관점"에 의해 통제되며, "윤리적인 차원을 가진다."[14] "땅에 있는 것들"은 물질적이고 육체적인 인간의 삶을 가리키기보다는 우주적 권세에 사로잡혀 얽매인 삶(2:8, 20)과 옛 사람의 행실을 가리킨다(3:5-9).

로제는 3절을 이렇게 주해한다. "한때 있었던 것은 더 이상 적용되지 않는다. 옛 삶은 그들이 그리스도와 함께 죽은 죽음을 통하여 영원히 폐기되었다."[15] "감추어지다"는 땅에 묻혀서 감춰져 있는 것을 가리킨다고 할 수 있다. 그러나 이 표현은 어떤 악마적 능력도 침범해 들어올 수 없음을 강조하는 것일 가능성이 더 크다. 신자의 삶은 안전하게 "감추어져 있다." 현재 감추어져 있음은 미래에 드러나는 영광과 대조를 이룬다. 신자들은 그리스도 안에 있으므로 "하나님 안에" 있다.

4절의 "그리스도께서 나타나실 그때"는 헬라어 '호탄(hotan)'으로 시작하고,

13. Lincoln, *Colossians*, 638.
14. Lincoln, *Colossians*, 638.
15. Lohse, *Colossians and Philemon*, 133.

수동가정 '파네로쎄(*phanerōthē*)'와 문법적으로 연결되는 부정의 시상절(indefinite temporal clause; '부정[indefinite]'은 시간이 분명하지 않다는 의미이다)이다. 따라서 "그리스도께서 나타나실 **때마다**(Whenever Christ is manifested)"가 된다. 그리스도의 마지막 오심을 암시하는 다른 곳에서도 정확한 시간을 결코 예측할 수 없다는 것에 동의한다. 그러나 그리스도의 마지막 오심에 대한 기쁨만큼은 분명하다. 로마서에서 바울은 피조물 전체가 그리스도의 오심을 간절히 기다리고 고대한다고 우리에게 말한다. 우리는 [4절을] 요한일서 3장 2절과 비교할 수 있다. "그리스도께서 나타나시면, 우리도 그와 같이 될 것임을 압니다."(새번역). 구약성경에서는 심지어 마지막 심판까지 기쁨으로 기다리는데, 이는 그때가 하나님께서 만물을 바로잡으실 시간이기 때문이다. 시편 96편 10-13절이 전형적인 예를 제시한다. "그가 만민을 공평하게 심판하시리라 할지로다 하늘은 기뻐하고 땅은 즐거워하며 …… 그때 숲의 모든 나무들이 여호와 앞에서 즐거이 노래하리니 그가 임하시되 땅을 심판하러 임하실 것임이라"(개역개정).[16] 다른 곳에서 바울은 마지막 부활에서 신자들의 몸의 변형이 그리스도의 영광스러운 몸과 일치할 것이라고 주장한다(빌3:21). 그리스도인은, 비록 그리스도가 처음으로 부활을 경험하셨더라도, 그리스도와 부활의 경험을 공유할 것이다. 하나님은 그리스도를 이미 부활시키셨던 것처럼, 그다음에 우리를 부활시키실 것이다. 그분은 우리를 부활시키셔서 영광스럽게 하실 것이다. '영광'에는 다양한 의미가 있지만, 여기 4절에서는 '막중한' 또는 '빛남이나 장엄함 가운데 있는, 또는 그런 것으로 인상적인'이라는 기본적인 히브리어의 의미를 유지하고 있다. 요한이 선언하듯이, "앞으로 우리가 어떻게 될지는 아직 밝혀지지 않았지만, 그리스도께서 나타나시면, 우리도 그와 같이 될 것임을 압니다."(요일3:2, 새번역).

---

16. Cf. Thiselton, *Life after Death*, 166-84.

2) 옛 행위를 버리라(3:5-11)

"그러므로"(5절)는, 브루스를 비롯해 여러 사람이 주목하듯이, 이 편지가 '교리에 관한' 부분에서 '실천에 관한' 부분으로 넘어감을 알려주는 논리적 전환의 표시이다.[17] "죽은 것으로 취급하라"는 '죽게 하다/사형에 처하다(nekrōsate)' 또는 '억누르다(mortify)'로 옮길 수 있다. NJB는 "땅에 속한 것을 모두 죽여라"로 번역했다. 바울이 우리의 물리적 육체를 성령의 전이라고 부르는 것을 고려할 때(고전6:19), 우리가 죽은 것으로 여겨야 하는 것은 우리의 물리적 육체 자체가 아니라 우리의 불경했던 이전의 삶을 특징짓는 태도들이다. 바울은 바로 이어서 자신이 "땅에 속한 지체들"이라고 한 말이 어떤 의미인지를 설명한다. "곧 음행과 더러움과 정욕과 악한 욕망과 탐욕을 죽이십시오. 탐욕은 우상숭배입니다." 다시 말해 자아가 변화되어야만 한다는 것이다. 우리의 수족 또는 "지체들(ta melē)"은 사악한 도구가 될 수 있다. 칼뱅은 이렇게 말한다. "그러므로 그것들은 우리에게 붙어 있는 그대로 우리의 지체들이다."[18] 마울은 이렇게 주해한다. "자신의 개인적인 욕망과 야망은 사형선고를 받는다."[19]

스캇은 개종자들이 이전의 삶에서 행했던 구체적인 죄들을 바울이 열거하는 것은 "그들이 이제 철저하게 새 사람이 되었다는 것을 더욱 분명하게 하기 위해서"라고 지적한다.[20] 이는 미덕과 악덕의 목록이 고대 세계에 널리 퍼져 있었음에도 불구하고 적용되는 사실이다. 맥도널드는 이렇게 주해한다. "이런 목록은 헬라 철학자들의 문헌과 일부 유대 문헌에도 흔하게 나타났다. 그러한 유대 문헌에는 사해사본들도 포함된다(예를 들면, 1QS 4:2-12, 18-26)."[21] 그렇지만 이런 종

---

17. Bruce, *Ephesians and Colossians*, 264.
18. Calvin, *Philippians, Colossians and Thessalonians*, 208.
19. Moule, *Colossians and Philemon*, 115.
20. Scott, *Colossians, Philemon, and Ephesians*, 65.
21. MacDonald, *Colossians, Ephesians*, 135.

류의 목록은 초기 그리스도인들의 교리문답 가르침에도 흔했을 것이며, 바울은 이러한 목록을 바울 이전의 전통에서 빌려왔을 것이다.[22]

5절에서 바울이 열거한 목록은 로마서 1장 24, 26, 29-31절, 12장 1-13절, 갈라디아서 5장 13-26절, 에베소서 4장 31절, 5장 3-5절, 6장 14-17절, 데살로니가전서 4장 1-12절, 히브리서 13장 1-17절, 그리고 베드로전서 1장 13절-4장 11절에도 유사하게 나타난다. 바울은 성적 부도덕 또는 음란(porneia)을 갈라디아서 5장 19절과 고린도전서 6장 9절에서도 언급한다. 영어 번역본들은 5절에 열거된 목록에서 '포르네이아(porneia)'를 "성적 악덕(sexual vice)"(NJB), "간음(fornication)"(NRSV, AV/KJV), 그리고 "성적 부도덕(sexual immorality)"(NIV, Phillips)으로 옮긴다. '아카싸르시아(akatharsia)'는 보통 "부정(impurity)"(NJB, NRSV, NIV, 그리고 이 책의 번역)으로 옮긴다. 그런데 Phillips는 "불순한 마음(dirty-mindedness)"을 선호한다. "악한 욕망(evil desires, epithymian kakēn)"은 일반적으로 수용할 만한 번역이다(NJB, NRSV, NIV, Phillips, 그리고 이 책의 번역). '플레오넥시아(Pleonexia)'를 "탐욕(greed)"(NJB, NRSV, NIV)이나 "만족할 줄 모르는 탐욕(insatiable greed)"으로 번역한 것도 마찬가지로 수용할 만하다. 그런데 AV/KJV는 이것을 "탐냄(covetousness)"으로 번역한다. 그리고 Phillips는 이것을 "다른 이들의 소유를 향한 탐욕(lust for other people's goods)"으로 번역하는데, 이는 헬라어 단어의 의미를 정확하게 반영하여 직역한 것이다.

이전의 죄의 목록들에서 바울은 부정과 탐심을 집어낸다. 이것들은 바울 시대에 유대인들이 이방 세계의 전형적인 죄로 간주했던 것들이다. 오늘날 우리는 전쟁과 노예제도를 보면서 여기에 잔인함을 덧붙일 수 있다. 이것들 모두는 자기 추구 또는 이기심을 따르는 행태를 생생하게 보여 준다. 댄커는 탐심

---

22. Carrington, *The Primitive Christian Catechism*과 Selwyn, *First Epistle of St Peter*, Essay II를 보라.

(pleonexia)을 "자기의 몫보다 더 많은 것을 원함, 탐욕, 만족할 줄 모름, 욕심, 갈 망"이라고 풀이한다.[23] 링컨은 "탐심"은 "만족할 줄 모르는 탐욕인데, 탐심이 가 득 찬 사람은 물건들이나 다른 사람들이 존재하는 이유를 단지 자신의 만족을 위해서라고 생각한다."라고 피력한다.[24] 마틴은 탐심을 "소유하고자 하는 죄, 곧 물건들을 손에 넣으려는 만족할 줄 모르는 욕망(cf. 눅12:15)"이라고 말한다.[25] 마 울은 어떤 형태로든 욕심은 **가지고자** 하는 마음이며, 주고자 하는 마음의 정반 대라고 말한다.[26]

웨슬리는 바울이 탐욕과 우상숭배를 연결한 점을 해설하면서, 우리의 것이 아닌 것을 가지고자 하는 강렬한 욕망은 "[우리의] 마음을 동물에게 주는 것이 다."라고 말한다.[27] 로제도 이와 유사하게 주해한다. "탐심과 탐욕은 인간의 마 음을 사로잡아 하나님에게서 멀어지게 하고 우상숭배에 가두어 버린다."[28] 탐 심은 우상숭배와 연결되는데, 왜냐하면 탐심이 있을 때 우리는 하나님의 자리 에 우리 자신을 두기 때문이다. 또 한편으로 랍비 문학에서 "우상숭배"는 해당 하는 죄의 심각성을 강조하기 위해서 종종 명시되기도 한다. 스트랙과 빌러벡 (Strack and Billerbeck)은 이런 종류의 예들을 조목조목 열거한다.[29] 따라서 바울은 아마도 탐욕을 우상숭배라고 부르면서 그것이 **얼마나 나쁜 것인지**를 강조하고 있는 것이라 할 수 있다.

라이트는 이렇게 말한다. "죄는 유혹에 빠진 마음에 나타나는 불순한 만족감

---

23. Danker, BDAG, 824.
24. Lincoln, *Colossians*, 642.
25. Martin, *Colossians and Philemon*, 104.
26. Moule, *Colossians and Philemon*, 116.
27. Wesley, *Colossians*, 27.
28. Lohse, *Colossians and Philemon*, 138.
29. Strack and Billerbeck, *Kommentar zum Neuen Testament aus Talmud und Midrasch*.

을 즉시 죽이지 않고, 오히려 꼭 품고 있을 때 시작된다."[30] 케어드는 이렇게 덧붙인다. "이 신앙이 신빙성이 있으려면, 겉으로 보이는 그들의 행동이 신앙에 따른 새로운 삶의 실제적인 것들에 부합해야 한다."[31] 바로 이것이 바울이 골로새 공동체에게 "그러므로 땅에 있는 지체를 죽이라"(5절)고 말하는 이유이다.

"죽은 것으로 여기십시오"라는 말은 부분적으로 그리스도인들이 느끼는 긴장을 보여 준다. 그것은 곧 한편으로는 완전히 새로운 사람이지만, 다른 한편으로는 여전히 땅에 속하고 죄로 가득한 환경에 얽혀 있다고 느끼는 긴장이다. 한 저자는 바울이 이러한 긴장을 다루는 데 두 가지 방법이 있다고 말한다. 하나는, 로마서 8장 23절에서처럼, 그리스도인은 여전히 우리 몸의 구속을 기다리고 있다는 것을 강조하는 것이고, 다른 하나는 그들의 "땅에 있는 지체"(곧, 죄로 왜곡된, 육신의 삶에 깊이 뿌리 내리고 있는, 땅에 얽매여 있는 그들의 욕망들)를 죽여야 하며, 억눌러야 한다고 명령하는 것이다.[32] 그러나 이 두 가지는 반드시 양자택일의 문제에 속하는 것이 아니다. 스콧은 이렇게 주해한다. "죄에 빠져 살아가는 그리스도인은 …… 자신의 참 자아에 합당하게 살아가는 것이 아니다. …… 결코 패배할 수 없는 더 나은 본성이 우리 안에 있다."[33]

6절에 따르면, 이 악덕들은 너무나 심각해서 하나님의 진노를 불러일으킨다. 하나님의 진노는 바울이 다루는 중요한 주제이다. 단, 하나님의 사랑은 영원하지만, 하나님의 진노는 인간의 소외와 불순종에 대응하는 태도로 나타난다. 진노는 사랑의 반대라고 잘못 생각할 때가 자주 있다. 그러나 사랑의 반대는 무관심이다. 아이를 사랑하는 부모나 조부모는 아이가 스스로 망가지는 것에 무관

---

30. Wright, *Colossians and Philemon*, 139.
31. Caird, *Paul's Letters from Prison*, 203.
32. Scott, *Colossians, Philemon, and Ephesians*, 65–66.
33. Scott, *Colossians, Philemon, and Ephesians*, 66.

심하지 않을 것이다. 반응하지 않는다면, 그것은 곧 무관심의 신호일 것이다. 또 그렇게 해서는 아이에게 어떤 도움도 되지 않을 것이다. 같은 방식으로, 하나님의 진노는 하나님의 궁극적인 사랑의 신호일 때가 많다. 6절에서 바울은 독자들에게 여전히 옛 삶의 지배를 받고 있다면, 하나님의 진노가 그들에게 임할 것이라고 말한다. 칼뱅은 하나님의 분노가 우리에게 임하는 바로 그때, "우리는 죄짓기를 멈추게 될 것이다."라고 말한다.[34] 일부 역본에는 6절에 "불순종의 아들들에게"라는 어구가 들어 있으나, 아마도 이것은 골로새서의 원 텍스트에는 없고, 에베소서 6장 3절에서 빌려왔을 것이다.[35]

7절에서 이 책의 번역인 "살 때는(ezēte)"은 과거이지만, 계속되는 행위를 나타내는 미완료시제를 반영한다. 이 단어의 시제는 "행동하였습니다(periepatēsate pote)"라는 (종종 시간의 특정 시점을 나타내는) 부정과거시제와 대조를 이룬다. 이 두 가지 유형의 과거시제는 매우 중요한 의미를 지닌다. 한때 심각하게 나쁜 습관이었던 것이 과거에 버려졌다. 고린도전서 6장 9-11절에서 볼 수 있듯이, 우리가 '예전에 했던' 것들의 양식은 현재와 대조를 이룬다.

둘 다[살았다/행동하였다] 8절의 "그러나 이제는(nuni de)"과 대조된다. "그러나 이제는"과 "여러분"이 모두 강조되지만, 우리는 이것을 "여러분은 버렸습니다"로 번역할 수 없다. 왜냐하면 이 동사는 직설법이 아니라 명령형("버리십시오!")이기 때문이다. 그들이 이전에 행했던 이교적 태도들이나 속성들은 "이 모든 것"으로 요약된다. 그런 다음에 "분노와 격분과 악의와 훼방과 여러분의 입에서 나오는 부끄러운 말(orgēn, thymon, kakian, blasphēmian, aischrologian ek tou stomatos hymōn)"(새번역)로 하나하나 열거된다. 링컨은 다섯 가지로 이루어진 이 목록이

<hr>

34. Calvin, *Philippians, Colossians and Thessalonians*, 209.

35. 역주: 개역개정에도 이 어구는 없다. 새번역에는 이 어구를 대괄호로 묶어두고 있다. "이런 것들 때문에, [순종하지 않는 자들에게] 하나님의 진노가 내립니다."

골로새서에 빈번하게 나오는데, 지금 8절에서 바울이 또 하나의 그런 목록을 만들어낸다는 점에 주목한다.[36] 이 목록은 분노(anger, orgē)로 시작하는데, 분노는 잠언 15장 1, 18, 22-24절, 전도서 7장 9절, 그리고 헬라 유대교(집회서[Sir] 1:22; 27:30; 단의 교훈[T. Dan] 2:1-5:1) 등에서 부정적으로 평가되는 것이다. 바울은 이것을 "격노(rage, thymos)"와 동의어로 다룬다. 비록 스토아 저자들은 때로 이 둘을 구분하지만 말이다. 디오게네스 라에르티오스(Diogenes Laertius)는 격노를 분노의 폭발로 간주했다.[37] 몰턴은 이렇게 말한다. "두 번째 목록은 마음과 입의 죄를 다루고 있다. 그것들은 보통 사소한 죄들로 여겨지지만, 그리스도의 순수한 빛 안에서는 그렇지 않다."[38]

8-10절에서 바울은 네 가지 다른 단어를 통해 옷의 은유를 사용한다. 특히 옷을 벗어버리는 것과 입는 것(8절-apothesthe, 9절-apekdysamenoi, 10절-endysamenoi, 그리고 12절-endysasthe)을 활용한다. 이것은 새로운 옷 한 벌(cf. 3:8)을 '입기' 위해서 한 벌의 낡은 옷과 같은 악덕들(죄로 가득한 성향과 행습을 나타냄)을 '벗어버린다'는 개념이다. 마울은 이와 같은 삶의 급진적인 방향 전환을 "갈아입기(reclothing)"라고 부른다.[39] 악덕을 벗어버리고 미덕을 입는다는 옷의 이미지는 그리스 작가들과 헬라적 유대 작가들 사이에서 널리 퍼져 있었다. 이러한 동사들의 은유적 사용은 적어도 그리스 문학의 아리스토파네스만큼이나 오래된 것이며, 히브리 문헌에서는 욥기나 이사야(욥29:14; 사61:10)만큼이나 오래된 것이다. 스콧은 다양한 상황에서 새로운 지위와 기준을 가지게 되는 것을 나타내기 위해서 병사가 제복을 입거나, 판사가 법복을 입는 예를 볼 수 있다고 말한다.[40]

---

36. 골로새서 3장 5절에는 첫 번째 다섯 가지 목록이 들어 있다. 곧 성적 악덕, 부정, 정열, 악한 욕망, 탐욕이다.
37. Diogenes *Laertius*, 7.114; Seneca, *On Anger*, 3.36; Lincoln, *Colossians*, 643.
38. Moulton, *Colossians, Philemon, and Ephesians*, 48. The first list is a few verses earlier in 3:5.
39. Moule, *Colossians and Philemon*, 114.
40. Scott, *Colossians, Philemon, and Ephesians*, 68.

옷을 '벗어버리다'와 '입다'의 은유는 그리스도인의 사고에서 특별히 세례와 연결된다. 그리고 바울은 틀림없이 여기서 세례를 전제했을 것이다. 세례는 옛 옷과 새 옷이라는 은유에 비추어 이해되었을 수 있다. 바울이 이런 암시를 굳이 명시적으로 드러낼 필요는 없었을 것이다.

브루스는 9절의 현재명령법인 "거짓말을 일삼지 말라" 또는 "거짓말을 멈추어라"를 다음과 같이 해석한다. "너희는 마치 그것이 자연스러운 일이기라도 하듯이 서로 거짓말을 일삼곤 했다. 더 이상 그렇게 하지 말라."[41] 진실이 신자들의 이 몸을 가리키는 특징이 되어야 한다. 링컨은, 저자에게 있어 "새로운 공동체에서는 거짓말을 할 여지가 없다. 왜냐하면 거짓말은 소통을 망치고 상호 신뢰 대신에 의심을 낳기 때문이다."[42]라고 주해한다. 칼뱅은 거짓말을 정직에 대한 보다 일반적인 부정을 가리키는 것으로 이해한다.[43]

9절의 헬라어 원문은 다음과 같이 분사로 되어 있다. 곧 "옛 사람을 벗어버렸으니(while putting off the old self)" 또는 더 나은 번역으로는 "여러분은 옛 사람을 벗어버렸으므로(since you have put of the old self)"이다. NJB는 "여러분은 옛 사람과 함께 옛 행위를 벗어버렸습니다."라고 번역한다. 골로새서는 여기서 바울이 다른 곳에서 사용하는 이미지 하나를 적절하게 사용한다. 이를테면 바울은 로마서 6장 6절에서는 삶의 옛 방식을 벗어버린다고 말하고, 갈라디아서 3장 27절에서는 그리스도를 입는다고 말한다.

그다음 절(10절)은 긍정적인 면을 표현한다. "그리고 여러분은 새 사람을 **입었습니다**. 이 새 사람은 자기를 창조하신 분의 형상을 따라 온전한 지식을 목표로 하여 끊임없이 새로워집니다." 이 책의 번역 "목표로 하여(with a view to)"는 간단

41. Bruce, *Ephesians and Colossians*, 271-72.

42. Lincoln, *Colossians*, 643.

43. Calvin, *Philippians, Colossians and Thessalonians*, 210.

한 헬라어 '에이스(eis)', 곧 '~를 향해(into)'를 번역하려는 시도인데, 이 전치사가 "자기를 창조하신 분의 형상을 따라 온전한 지식(epignōsin)"을 지배한다. 바울의 말, "끊임없이 새로워집니다"는 새롭게 됨이 이미 이루어진 사실이 아니라 **지속적인** 과정임을 보여 준다.

"거기에는 이방인과 유대인도, 할례 받은 자와 할례 받지 않은 자도, 야만인도 외국인도, 노예도, 자유인도 존재하지 않습니다."(11절). 이 책에서 간단하게 "거기에는(Here)"이라고 번역한 것을 NRSV는 "저 새롭게 됨에는(In that renewal)"이라고 번역했는데, 이것은 헬라어 '호푸(hopou)', 곧 '어디(where)'를 명확히 하려는 시도이다. 로버트슨은 이 책에서 "존재하지 않습니다(ouk en)"로 번역한 것은 '에스티(esti)', 곧 '있다(is)'가 인지되거나 전제되는 헬라어 관용구를 반영한다고 말한다.[44] "없습니다"(NRSV, NIV)는 좀 약해 보인다. NJB는 "…… 사이에는 차별의 여지가 없습니다."로 번역한다. 이 책에서 "이방인과 유대인"으로 번역한 것은 "그리스인과 유대인"을 의미하는데, 이는 바로 다음 절에서 "할례 받은 자와 할례 받지 않은 자"로 설명된다. 헬라어 '바르바로스(barbaros)', 곧 야만인은 '그리스인도 로마인도 아닌 사람'(즉 로마인의 입장에서는 야만인이다)을 가리키는데 반해, 스구디아인(Skythēs)은 아주 먼 곳에 있는 '야만인'의 한 예이다. 따라서 스구디아인은 '먼 외국인'을 가리킨다고 할 수 있다. 케어드는 '야만인'과 '스구디아인' 둘 다 그리스인들에게서 편견을 담은 용어로 사용되었다고 말한다.[45] 노예와 자유인의 대비는 1세기 독자라면 누구나 이해했을 것이다.

그리스도에 대한 충성이 모든 분열적인 유대보다 우선한다. NJB는 "오직 그리스도만이 계십니다. 그분은 모든 것이며 모든 것 안에 계십니다."로 번역한

---

44. Robertson, *Word Pictures in the New Testament*, vol. 4, 503.
45. Caird, *Paul's Letters from Prison*, 206.

다. 이것은 바울의 관심사를 잘 요약한다. 그리스도 안에서의 이러한 평등성은 갈라디아서 3장 28절과 고린도전서 12장 13절—여기서는 남자도 여자도, 유대인도 이방인도, 그리고 노예도 자유인도 구별이 없다—에서 먼저 확증되었으며, 나중에 쓴 이 골로새 서신에서도 바울에게 매우 중요한 관심사로 남아 있다. 바울은 현대 서구 사회들이 인정할 수 있는 것보다 더 강력하게 평등을 강조한다. 원래의 맥락에서, 곧 신분과 가치가 한 가지 사회적 정체성에 의해 결정되는 곳에서, 바울의 표현은 급진적인 평등주의로 울렸을 것이다.

〈묵상을 위한 질문〉

1. 우리는 어떻게 하면 그리스도께 흠뻑 젖은 마음을 키워서 그리스도가 없는 우리의 자아에 몰두하는 것을 멈출 수 있을까?

2. 바울은 무슨 뜻으로 "위에 있는"이라고 말하고 있는가? 이 말은 "높은 곳" 또는 그리스도가 영광과 존귀로 "앉아" 계시는 곳을 의미하는가? 그리스도가 "앉아" 계시는 것은 무엇을 암시하는가?

3. 왜 우리는 그분의 영역에 계시는 그리스도를 "계속 생각해야" 하는가? 만일 우리가 이렇게 하지 않으면 어떻게 될까? 왜 "옛" 일상의 존재로부터 우리의 "죽음"이 중요한가?

4. 그리스도인들, 곧 그리스도와 함께 살리심을 받은 사람들이 기대할 수 있는 미래에 대한 힌트는 무엇인가?

5. 바울이 열거한 악덕의 목록들이 다른 구절들에서 일치하는 경우가 많은 이유는 무엇일까? 그리스도인들이 성적 악덕들을 너무 강조한다고 비난받을 때가 종종 있다는 것이 놀라운가?

6. 우리가 소유하지 않은 것에 대한 갈망이 어떻게 우리를 우상숭배로 이끄는가? 왜 이것이 하나님을 진노하시게 하는가? 누군가의 분노가 나에게 도움이 된 적이 있는가? "하나님의 진노"는 실제로 어떤 의미인가? 하나님의 진노는 하나님의 사랑과 어떻게 다른가?

7. 바울은 왜 자아의 철저한 변화를 설명하기 위해 '옷 갈아입기'라는 은유를 자주 사용하는가?

8. 8절과 9절에 있는 말의 죄들은 왜 중요한가? 이러한 강조는 앞에 나오는 성적 죄들에 대한 강조와 균형을 이루는가?

9. 하나님의 형상은 우리가 가지고 태어나는 것인가? 아니면 우리가 변화되기 위해 추구하는 목표인가?

10. 분노는 언제나 나쁜 것인가? 불의에 대한 우리의 반응은 어떠한가? 아니면 오늘날 그러한 분노가 지나치게 극단적으로 치닫고 있는가?

(2) 그리스도인의 구별되는 특징(3:12-17)

> ¹²그러므로 여러분은 하나님의 택하심을 입은 사랑 받는 거룩한 사람답게, 동
> 정심과 친절함과 겸손함과 온유함과 오래 참음을 옷 입듯이 입으십시오. ¹³누
> 가 누구에게 불평할 일이 있더라도, 서로 용납하여 주고, 서로 용서하여 주십
> 시오. 주님께서 여러분을 용서하신 것과 같이, 여러분도 서로 용서하십시오.
> ¹⁴이 모든 것 위에 사랑을 더하십시오. 사랑은 완전하게 묶는 띠입니다. ¹⁵그리
> 스도의 평화가 여러분의 마음을 지배하게 하십시오. 이 평화를 누리도록 여
> 러분은 부르심을 받아 한 몸이 되었습니다. 또 여러분은 감사하는 사람이 되
> 십시오. ¹⁶그리스도의 말씀이 여러분 가운데 풍성히 살아 있게 하십시오. 온
> 갖 지혜로 서로 가르치고 권고하십시오. 감사한 마음으로 시와 찬미와 신령
> 한 노래로 여러분의 하나님께 마음을 다하여 찬양하십시오. ¹⁷그리고 말이든
> 행동이든 무엇을 하든지, 모든 것을 주 예수의 이름으로 하고, 그분에게서 힘
> 을 얻어서, 하나님 아버지께 감사를 드리십시오. [46]

마틴이 주장하듯이, 독자들은 바울이 극단적인 이상주의를 지향하고 있는
것처럼 생각했을지도 모르므로, 12-17절에서 바울은 이제 새로운 삶이 요구하
는 행실들에 관해 구체적이고, 실제적이며, 상세한 지침을 제공하고자 한다.[47]
마틴은 계속해서 말하는데, 바울은 ① 가꾸어야 할 덕목들의 목록을 제시하고
(12절), ② 다른 사람 때문에 불편한 일이 생겼을 때 그리스도인은 어떻게 해야

---

46. 본문 주: 13절에서 UBS 위원회는 헬라어 *kyrios* 곧 주(the Lord)에 대하여 결정하기 힘들다는 점을 확
   인했다. 이는 균형이 잘 잡힌 사례이지만, "주"(the Lord)를 수용해도 좋을 것이다. 14절에서 일부 사역
   (D*, F, G)은, 헬라어, *teleiotētos*, "perfect"(온전한, Sinaiticus, A, B, 그리고 C)보다, 헬라어 *henotētos*
   를 "which holds them together(온전하게 매는)"로 독해한다. 16절에서 "word of Christ(그리스도의
   말씀)"가 수용되는 것 같다(Þ46, Sinaiticus C, B, 그리고 D). 보통 이 어구가 "word of God(하나님의 말
   씀)"(이 책, A, C*, 그리고 33)이지만 말이다. 17절에서 "to God the Father(하나님 아버지께)"는 거의 확
   실하고 가장 이른 시기의 사역들이 이것을 지지한다.
47. Martin, *Colossians and Philemon*, 109.

하는지를 권면하고(13절), ③ 사랑이 그리스도인의 삶을 구별하는 표시라는 원리를 제시한다(14절). ④ 그리스도의 평화가 선택의 상황에서 중재자로 역할을 할 것이다(15절). 그리고 ⑤ 교회의 예배는 하나님을 더욱 찬양하게 할 뿐 아니라(16절), 모든 것을 예수 그리스도의 이름으로 행하도록 이끌 것이다(17절).

바울은 하나님께서 사랑을 베푸시어 택하신 사람들에게 말한다. 이것은 구약에서 이스라엘에게 해당하는 자질이었는데, 이로써 그리스도-공동체가 이스라엘의 메시아, 곧 예수님으로 말미암아 하나님께서 택하신 민족에 속하게 된다.

링컨은 이렇게 주해한다. "3장 12절에 나열되어 있는 다섯 가지 덕목은 공동체 안에서 조화롭게 살아가는 데 요구되는 것들이다."[48] 신자들은 동정하는 마음과 친절함과 겸손함과 온유함과 오래 참음을 (새 옷처럼) "입어야" 한다. 마울은 "온유함(prautēs)"을 "기꺼이 양보하는 마음"이라고 설명한다.[49] 그는 이러한 자질들은 "평범한" 덕목들로 불릴 수 있을 것이라고 덧붙인다. "온유함"은 그 반대되는 것, 곧 '무례함'과 나란히 놓고 비교하면 분명해진다. "오래 참음"은 '느긋함'을 의미하며, 잘못되거나 화나게 하는 행동을 마주하게 되었을 때 견뎌내는 것을 가리킨다. 그 반대는 분노의 폭발이다.

바울은 그리스도인은 결코 어떤 잘못도 하지 않는다고 상정하지 않는다. 오히려 그리스도인은 상호 용납과 용서로 잘못과 불만을 다루는 법을 안다(13절). 그리스도인은 힘든 상황에서 그들의 성마름(impatience)을 억제해야 한다. 바울은 구원에 관한 이야기에서 그리스도의 자기 희생을 회상하는 것이 특징인데, 이를 통해 그는 그리스도인이 원망을 용서하는 사랑으로 바꾸도록 동기를 제공한다.

---

48. Lincoln, *Colossians*, 647.
49. Moule, *Colossians and Philemon*, 123.

"이 모든 것 위에"(14절)는 아마도 다른 모든 옷을 덮을 수 있는 겉옷을 가리킬 것이다. 이 표현을 사용함으로써 새 옷으로 갈아입는다는 은유는 한층 강력한 효과를 거두게 된다. 다시 말해, 여러분이 지금 입고 있는 이 모든 덕목 위에 사랑의 겉옷을 걸쳐야 한다는 것이다. 다른 한편으로, 이 표현은 단순히 절대 최상급(elative, 이는 말 그대로 최상의 정도를 의미한다)으로 "무엇보다도"를 의미할 수 있다.[50] 다시 말해, 이러한 덕목들을 입어라, 그리고 가장 특별하게 사랑하라는 것이다. 링컨은 우리에게 옷 입기의 이미지가 얼마나 더 확장될 수 있는지 분명하지 않다고 경고한다. 하지만 대부분의 저자들은 전자의 관점을 취하며 바울이 겉옷에 대해 그럴듯하게 언급하고 있다고 본다.[51] "완전하게 묶는 띠"는 모든 것이 완벽하게 조화를 이루도록 하나로 묶는 것을 가리킨다. 사랑은 모든 것을 묶어서 온전한 하나를 만들 수 있다. 우리가 주목했듯이, 일부 필사본들(MSS)은 '완전한' 대신에 '연합한' 또는 '조화로운'으로 번역한다. 바울은 또한 다른 데서도 사랑의 중심성을 설명하였다(고전13장; 롬13:8, 10; 갈5:6).

사람들의 마음을 지배해야 하는 "그리스도의 평화"(15절)는 그리스도께서 가져오시는 사람들 사이의 평화를 가리킨다. 바울은 그리스도인 공동체는 일치와 관용 안에서 함께 살아가야 한다고 강조한다. 라이트는 이렇게 주해한다. "바울 시대의 세계에서 로마의 평화(pax Romana)가 그랬던 것처럼, 기독교의 평화(pax Christiana)가 교회 안에 만연해야 한다."[52] 갈등이 있을 수 있는 곳에서 그리스도께서 가져오시는 평화만이 갈등을 중재할 수 있다. "지배하게 하십시오(brabeuein)"는 또한 법적인 경우나 운동 경주에서처럼 '중재하다'를 의미한다.

---

50. Moule, *Colossians and Philemon*, 123.
51. Lincoln, *Colossians*, 648.
52. Wright, *Colossians and Philemon*, 148.

마틴은 이렇게 말한다. "교회의 화합은 그분의 백성을 향한 하나님의 뜻이다."[53] 이와 유사하게 에베소서 2장 14절의 "그리스도는 우리의 평화이십니다"는 그리스도 안에서 유대인과 이방인 사이에 세워진 관계적인 일치를 의미한다. "한몸"이 된 새로운 사회가 이루어진다. "마음"—그리스도의 평화가 지배하는 곳—은 구약에서 다양한 의미로 사용된다. 이것은 두려움과 기쁨을 포함하는(삼상2:1) 깊은 감정의 자리이거나 성찰이나 안식의 영역일 수 있다. 그러나 이것은 또한 굳어지거나 완고해질 수 있는 사람의 중심 또는 핵심부이기도 하다. 주잇(Jewett)은 이것을 "의지와 감정의 중심"이라고 부른다.[54] 그렇지만 교회 안에 있는 개인들의 마음에 대한 이러한 강조에도 불구하고, 우리는 이 평화를 개인주의적 방식으로 (곧, 내면의 고요함으로) 상정해서는 안 된다. 오히려 개인들의 마음속에 있는 평화는 반드시 공동체의 구성원들 사이에서 상호 관계적으로 흐르기 마련이다. 여기서 중요하게 다루는 평화는 더 말할 것도 없이 사람들 사이의 평화이다. 맥나이트는 이렇게 피력한다. "바울에게 있어 골로새서에서 윤리의 핵심은 평화이다."[55]

　가장 이른 시기의 그리스도인 공동체들은 하나님을 찬양하는 노래들을 많이 만들었다. 하지만 마울이 16-17절을 두고 주목하듯이, "목소리로 하는 찬양은 그 내면의 찬양의 정신과 함께해야 한다."[56] 공동체의 구성원이 행하고 말하는 모든 것은 예수님의 이름으로 행하고 말하는 것이어야 하며, 하나님께 감사하는 마음이 그 동기가 되어야 한다.

---

53. Martin, *Colossians and Philemon*, 113.

54. Jewett, *Paul's Anthropological Terms*, 144; and Behm, "Kardia in the New Testament," 611.

55. McKnight, *Colossians*, 326.

56. Moule, *Colossians and Philemon*, 126.

〈묵상을 위한 질문〉

1. 왜 바울은 입고 있는 옷을 벗어 버리고 다른 옷을 입는 비유에 정성을 기울이는 것처럼 보일까? 이 은유는 당신에게 얼마나 도움이 되는가?

2. 이스라엘에 귀속된 어떤 자질들이 이제 그리스도-공동체를 특징짓는다고 말하고 있는가?

3. 그리스도인에게 기대되는 '평범하고 일상적인' 덕목에는 어떤 것이 있는가? 왜 바울은 덕목의 '목록'을 사용하는가?

4. 이러한 덕목이 동료 그리스도인들로부터 우리에게 제기되는 논쟁과 불만을 어떻게 해소하는가? 우리를 비판하는 사람들에게 우리는 어떻게 반응하는가?

5. 어떤 의미에서 사랑은 다른 모든 덕목들을 덮고, 함께 묶는 겉옷처럼 될 수 있는가?

6. 어떻게 그리스도의 평화가 중재자나 심판관이 될 수 있는가? 우리의 마음을 그리스도의 평화가 다스리지 않는다면 어떤 일이 벌어질까?

7. 그리스도의 말씀이 우리 안에 풍성하게 거할 때 어떤 결과들이 나타나는가? 이것은 '지혜'와 '가르침' 외에 무엇을 이루어 내는가?

8. 우리는 찬송가, 시편, 찬양의 노래를 감사하는 마음으로 부르는가? 아니면 단지 교회에서 의무감 때문에 부르는가?

9. 어떤 의미에서 우리는 우리가 말하고 행하는 모든 것을 주 예수 그리스도의 이름으로 할 수 있는가?

10. 우리의 기도는 일반적으로 우리 주 예수 그리스도를 통해 하나님 아버지를 향하고 있는가?

(3) 기독교의 영향 안에 있는 가정의 삶(3:18-4:1)

18아내 여러분, 남편에게 순종하십시오. 이것이 주님 안에서 합당한 일입니다. 19남편 여러분, 아내를 계속 사랑하십시오. 아내를 모질게 대하지 마십시오. 20자녀 여러분, 모든 일에서 부모에게 복종하십시오. 이것이 주님 안에서 만족스러운 일입니다. 21어버이 여러분, 여러분의 자녀들을 격분하게 하지 마십시오. 그들의 의기를 꺾지 않아야 합니다. 22종으로 있는 여러분, 모든 일에 육신의 주인에게 복종하십시오. 사람을 기쁘게 하는 자들처럼 눈가림으로 하지 말고, 주님을 두려워하면서, 성실한 마음으로 하십시오. 23무슨 일을 하든지 사람에게 하듯이 하지 말고, 주님께 하듯이 마음을 다하여 하십시오. 24여러분은 주님께 유산을 상으로 받는다는 사실을 아시기 바랍니다. 여러분이 섬기는 분은 주 그리스도이십니다. 25불의를 행하는 사람은, 자기가 행한 불의의 대가를 받을 것입니다. 거기에는 사람을 보고 차별을 하는 일이 없습니다. 1주인 된 여러분, 정당하고 공정하게 종들을 대우하십시오. 여러분도 하늘에 주인을 모시고 있다는 사실을 아시기 바랍니다.57

로제를 비롯해 몇몇 학자들은 바울이 18절에서 "가정 규율들"에 관해 독립적이고 "잘 갖추어진" 일련의 교훈들을 소개한다고 말한다.58 바울은 신약성경에 있는 다른 교훈들은 물론, 헬라 사상과 유대교의 유사한 교훈들도 제시한다. 그렇지만 바울은, 골로새서가 에베소서와 베드로전서보다 이른 시기에 나온 것이라는 가정에 기초하여, 바울이 이곳에서 제시하는 교훈들이 아마도 신약성경에 있는 가정 윤리의 가장 이른 사례일 것이라고 주장한다. (신약에서 평행구절들은

---

57. 본문 주: 21절의 "격분하게 하지 마십시오(*mē erethizete*)", 곧 '불안한 마음의 상태를 유발하거나 부추기지 마십시오.'를 UBS는 '거의 확실한 것'으로 간주하는데, 이것은 Ᵽ46 Sinaiticus와 B의 지지를 받는다. 후대의 독해는 *parorgizete*, 곧 '화를 유발하다'를 에베소서 6장 4절에서 가져와 채택한다(Metzger, *A Textual Commentary on the New Testament*, 558).
58. Lohse, *Colossians and Philemon*, 154; cf. 155-57.

엡5:22-6:9, 딤전2:8-15, 딛2:1-10, 벧전2:13-3:7에서 볼 수 있다.) 에픽테투스, 디오게네스 라에르티우스(Diogenes Laertius), 그밖에 다른 세속 작가들에게서도 유사한 사례들이 존재하지만, 그리스도인 가정에서는 "강조점이 그 의무들의 **호혜적**(reciprocal) 성격에 있다."[59] 실제로 에베소서 5장 21절은 **상호** 복종을 명한다.

링컨은 당시 그리스-로마 세계에 "가정 규율들"이 널리 퍼져 있었다고 논하면서, 필로와 유대교 회당의 가정 규범이 바로 그것들에서 유래했다고 주장한다. 그리스-로마의 가정 규범은 궁극적으로 고전 그리스 철학자들에게서 유래된 것으로, 로마 시대 후기까지 계속되었다. 가정 규율의 주된 관심사는 적절한 가정 관리였다. 링컨과 로제는 모두 그들의 주석에서 "가정 규범"에 대한 보충 설명에 열중하는데,[60] 둘 다 그리스도인들은 직관적으로 세상의 일상에서 도망칠 것이 아니라 일상적인 가정의 의무에 참여해야 한다는 것을 알았다고 강조한다. 그들은 그리스도인들은 사회 불안을 조장하려고 하지 않았다고 지적한다. (에픽테투스와 디오게네스 라에르티우스도 비슷하게 개인의 직접적인 상황과 관련된 윤리적 태도들을 칭찬했다.) 골로새의 거짓 교사들은 환상 체험과 마술과 금욕을 내세우며 정반대의 것을 촉구했다. 그들은 소위 '하늘에 있는 것들'과 하늘의 존재들에 너무 빠져 있어서 가정이나 가족에 대한 일상적인 관심사들에 신경을 쏟을 여유가 없었다. 아마도 "가정 규율들"이라는 표현이 이렇게 이른 시기에 사용된 것은 기독교 신앙이 사회의 근간을 무너뜨리려 한다는 이교도의 비난들에 대한 반응이 반영된 것일 수 있다. 골로새서에서 가정 규범은 지혜, 지혜롭게 행동하기, 그리고 그리스도께 집중하기라는 맥락에서 나온다.

스콧은 이렇게 주해한다. "기독교가 가족을 새로운 기초로 삼음으로써 이 세

---

59. Moule, *Colossians and Philemon*, 127. Italics mine.
60. Lincoln, *Colossians*, 652-54; Lohse, *Colossians and Philemon*, 154-57.

상의 삶에 변화를 가져다준 것보다 더 깊게 영향을 미친 것은 없다. 가족은 근본적인 사회 단위이므로, 가족을 개조한다는 것은 곧 인간 사회를 전체적으로 완전히 재구성한다는 것이었다."[61] 스콧은 이것의 상당한 부분이 유대교로부터 물려받은 유산이었지만, 동시에 기독교로 말미암아 가족에 대한 유대교적 접근이 더욱 널리 퍼져나갈 수 있었음을 인정한다.

"아내 여러분"에 덧붙여진 "여러분(you)"은 호격을 나타내는 정관사의 통상적인 사용을 단순히 반영한 것일 뿐이다(문자적으로는 "아내들이여"). 로제는 칠십인역에서 셈계 호격은 이런 방식으로 해석된다고 지적한다.[62] 로버트슨은 "아내 여러분"이 헬라어를 가장 잘 옮긴 것이라고 주장하지만, 어떤 주요 영어 번역본도(Goodspeed를 제외하고) 이것을 따르지 않는다(NJB, NRSV, NIV, AV/KJB도 여기에 포함된다).[63] "순종하십시오(hypotassesthe)"는 질서를 강조하는 군사적 은유이다. 아내들에게는 권리와 특권이 있지만, 가정은 질서가 잘 잡혀 있어야 한다. 엘제 퀼러(Else Kähler)는 이 동사가 질서를 유지하려는 전적으로 자발적인 복종을 가리킨다고 주장한다.[64] 라이트는 이렇게 주해한다. "바울은 조심스러운 균형을 제시한다. 어느 쪽도 오만하거나 지배적인 태도를 가져서는 안 된다."[65] 케어드는 일부 그리스도인 아내들은 믿지 않는 남편들과 결혼하고, 일부 그리스도인 남편들은 믿지 않는 아내들과 결혼했을 것이라고 지적한다.[66]

남편은 아내를 "계속 사랑해야" 한다(19절). 이 어구는 현재 능동 명령법을 나타내며, 해리스는 "사랑하는 것을 여러분의 실천으로 삼으십시오."라고 번역한다.

61. Scott, *Colossians, Philemon, and Ephesians*, 77.

62. Lohse, *Colossians and Philemon*, 157, n.16.

63. Robertson, *Word Pictures in the New Testament*, vol. 4, 506.

64. Kähler, *Die Frau in den paulinischen Briefen*, 156.

65. Wright, *Colossians and Philemon*, 152.

66. Caird, *Paul's Letters from Prison*, 208.

남편들에게 그들의 아내와 관련해서 주는 두 번째 명령—"괴롭히지 마십시오" 또는 "모질게 대하지 마십시오"(mē pikrainesthe)—도 현재 중간 명령법이다. RSV, NEB, GNB, 그리고 NIV는 "그들을 가혹하게 대하지 마십시오"라고 번역한다.

오늘날은 동등한 권리에 대해 너무나 일반적으로 이야기하고 있기 때문에 3장 18절의 명령에 대해 놀랄 사람이 많을 것이다. 이것은 당연히 우리 시대의 맥락과는 매우 다른 문화적 맥락에서 나온 것이므로, 우리는 이 명령을 그 세계 안에서 이해하려고 노력해야 한다. 윌슨은 그의 *International Critical Commentary*에서 이 구절은 "반드시 여자들이 남편들에 의해 좌우되는 노예보다 약간 더 나은 삶을 순순히 견디는 단지 소유물에 불과했다는 것을 의미하지는 않는다."라고 말한다.[67] 윌슨은 이 구절이 독신 여성과 과부를 포함한 일반적인 여성을 지칭하는 것이 아니라, 아내만을 지칭하는 것이라고 강조한다. 그는 뵈베와 글로에 같은 여성들은 집안의 머리들로서, 가장의 역할을 하거나 사업을 운영했다고 지적한다. 맥나이트는 여성들이 우리 세계의 관습보다 더 이른 나이에 결혼했다고, 곧 로마 세계에서는 12세에서 13세 사이에, 그리고 유대인 세계에서는 그보다 조금 늦게 결혼했다고 지적한다. 맥나이트와 그밖에 다른 주석가들 대부분은 또한 아내가 남편과 맺고 있는 관계는, 에베소서에서 자세히 상술되고 있는 것처럼(엡5:22-33), 서로에게 책임을 지는 것이라고 지적한다. 남편들은 아내를 **자신의 몸처럼** 사랑하라는 말을 듣는다.[68] 마찬가지로 에베소서에서 바울은 그리스도인들에게 **서로에게** 복종하라고 촉구하는데(엡5:21), 이는 복종에 상호성이 있었음을, 즉 그것은 일방통행이 아니었음을 나타낸다. 골로새서는 이러한 보다 완전한 가르침을 매우 축약해서 그것의 요약만을 제공

---

67. Wilson, *Colossians and Philemon*, 276.
68. McKnight, *Colossians*, 342-43.

한다. 바울은 "이것이 주님 안에서 합당한 일입니다"라는 말로 아내들에게 그의 지시를 확고히 한다. 맥나이트는 "주 안에서"는 "그 전체적인 표현을 극적으로 바꾸어 스토아주의와의 연관성을 최소한으로 줄인다."라고 주장한다.[69] 그는 "합당하다"는 그리스도를 닮아감(Christoformity, 곧 그리스도처럼 그를 닮아가는 것)을 의미한다고 말한다. 그리고 더 나아가 이렇게 덧붙인다. "우월성, 권력, 지위는 그리스도를 닮아갈 때 송두리째 뿌리가 뽑힌다."[70] 그래서 바울은 남편-아내의 관계에 대한 관습적인 이해를 취한 다음 그 관계 안에 기독교적 내용물을 심어 내부에서부터 그 관계를 철저하게 뒤바꾸고 다시 형성한다.

링컨은 20절을 이렇게 주해한다. "자녀와 부모에 대한 충고가 포함되는 것은, 이것이 아리스토텔레스 전통에서 가정 관리에 관한 논의에서 다뤄지는 세 가지 기본적인 관계 가운데 하나이기 때문이다. …… 기독교 운동에 가해진 공격들 또한 기독교 운동이 자녀들의 반역을 조장한다고 말하기도 했다."[71] 자녀들은 부모에게 복종해야 한다. 20절의 "복종하십시오(obey)"는 18절의 "순종하십시오(be subject to)"와 평행을 이룬다. 바울은 자녀들이 "모든 면에서(in all respects)"(BADG) 또는 "모든 점에서(at every point)"(Moffatt) 부모에게 복종해야 한다고 덧붙인다. (NERB와 Weymouth는 "모든 일에서[in everything]"라고 옮긴다.) 이러한 복종은 "주님 안에서 만족스러운" 일이다. 여기서 "주님 안에서"라는 어구는 "그리스도인들 가운데서" 또는 "주님께 속해 있는 사람들에게 어울리게"(Harris)를 의미할 것이다. 라이트푸트는 헬라어 '유아레스톤(euareston, 만족스러운)'을 세속적 의미에서 '칭찬할 만한'으로 번역한다.[72] 그러나 보통 성경의 용법에서 이 단어

69. McKnight, *Colossians*, 344, n.229.

70. McKnight, *Colossians*, 344.

71. Lincoln, *Colossians*, 655.

72. Lightfoot, *Colossians and Philemon*, 227.

는 '**하나님을** 기쁘시게 하는'을 의미한다.

바울의 지침은 일방통행이 아니다. 링컨은 이렇게 말한다. "그들의 자녀들에게 의무가 있듯이, 아버지들에게도 의무가 있다."[73] 아버지는 자녀를 노엽게 해서는 안 된다고 명령받는다. 헬라어 '메 에레씨제테(*mē erethizete*)'는 화를 유발하지 말라, 화나게 하지 말라, 분노케 하지 말라, 자극하지 말라는 뜻이다. 모패트(Moffatt)는 "화나게 하는 일을 피하십시오"라고 번역하고, NEB와 NASB는 "분노하게 하지 마십시오"라고 번역한다. 왜 그럴까? 헬라어 어구 '히나 메 아씨모신(*hina mē athymōsin*)'은 "그들이 낙심하거나, 낙담하거나, 상심하거나, 또는 기운을 잃거나 하는 일이 없도록"이라는 뜻이다. 스콧은 이렇게 주해한다. "바울은 확실한 훈육이 반드시 필요하다고 생각한다."[74] 그렇기는 하지만 여기서 바울의 핵심은 그러한 훈육이 자녀들에게 이롭기보다는 더 해로울 수 있으니 순화되어야 한다는 것이다.

가정 규범 안에서 다루어진 마지막 관계는 종(slaves)과 상전(masters) 사이의 관계이다(3:22-4:1). 오브라이언은 이렇게 주해한다. "신자가 된 노예들은 그들의 신분을 노예로 받아들여야 하며 그들의 육신의 주인들에게 모든 면에서 복종해야 한다."[75] "육신의"는 헬라어 '카타 사르카(*kata sarka*)'(문자적으로는, 육신에 따른)의 일반적인 번역인데, NEB, NIV, NRSV가 이를 따른다. 이에 반해 NJB, GNB는 "인간의"로 번역한다. 아마도 이것은 믿은 노예들은 그들의 새로운 하늘의 주인뿐만 아니라 그들의 땅의 주인에게도 의무를 다해야 한다는 것을 강조하기 위함일 것이다. 바울은, "여러분이 그들의 눈 아래 있을 때"(NJB)가 매우 적절하게 그 의미를 담아냄에도 불구하고, 헬라어 '옵쌀모둘리아(*ophthalmodoulia*)', 곧

---

73. Lincoln, *Colossians*, 656.
74. Scott, *Colossians, Philemon, Ephesians*, 79.
75. O'Brien, *Colossians, Philemon*, 226.

"눈가림"(이것은 바울 이전에서는 나타나지 않는다)이라는 말을 고안해 낸다. 로제는 이렇게 주해한다. "그[바울]는 성실한 마음에서 비롯되지 않고 단지 외적인 모습에만 만족하는 섬김의 유형을 일컬어 눈가림이라고 부른다."[76] 바울은 또한 '안쓰로파레스코이(anthrōpareskoi)', 곧 "사람을 기쁘게 하는 자들"이라는 말도 고안해 낸 것 같다. 비록 이 말이 에베소서 6장 6절에서뿐만 아니라 시편 52편 6절(LXX)에서도 나타나지만 말이다. 노예들이 일할 때 그들의 동기는 사람을 기쁘게 하는 것이 아니라 하나님을 기쁘시게 하는 것이어야 한다. 마울은 하나님에 대한 두려움에서 기인하는 일과 피상적인 일, 곧 "장식 뒤의 먼지를 털어 내지 않고, 옷장 밑을 쓸어 내지 않는" 일을 대조한다.[77] 이런 양면적인 동기와는 대조적으로, 바울은 주님에 대한 복종과 경외심에서 우러나오는 "성실한 마음으로(singleness of heart)" 하라고 호소한다. 맥도널드는 노예가 주인을 통해서가 아니라 직접 언급되고 있다는 사실은 그들이 기독교 공동체의 일원이었다는 확실한 증거를 제공한다고 설명한다.[78]

그리스도인들은 순수한 동기에서 우러나오는 양심에 따라 섬겨야 한다. 주님에 대한 경외심(phoboumenoi ton kyrion)은, 비록 동일한 어구가 구약성경에서는 하나님을 가리키지만, 여기서는 주님이신 **그리스도**를 가리킨다고 오브라이언은 주장한다.[79] 여기서 쓰인 동사는 두려움, 공포, 경외심이라는 뜻을 내포하고 있다.

이 권고들은 "무슨 일을 하든지 사람에게 하듯이 하지 말고, 주님께 하듯이 마음을 다하여 하십시오."(23절)라는 하나의 포괄적인 명령으로 요약된다. "진심

---

76. Lohse, *Colossians and Philemon*, 160.

77. Moule, *Colossians and Philemon*, 130.

78. MacDonald, *Colossians, Ephesians*, 156.

79. O'Brien, *Colossians, Philemon*, 227.

으로(Heartily)"는 헬라어 '에크 프시케(ek psychē)'(문자적으로 풀면, '영혼/자신/내면의 삶에서 우러나오는')를 나타내지만, "마음을 다하여(wholeheartedly)"는 앞 절에서 나온 헬라어 '엔 하플로테티 카르디아스(en haplotēti kardias, "성실한 마음으로")'를 내포한다. 왜냐하면 그리스도인들의 섬김은, 설령 그것이 처음에는 사람들에게 제공되는 것처럼 보일 때조차도, 항상 주님을 향하는 것이기 때문이다. 던은 이렇게 주해한다. "이것은 방금 말한 것을 그대로 반복하는 것이다. 여기에 함축된 의미는, 노예 신분의 주요한 위험 중 하나는 개인적인 동기부여의 부족인데, 이는 마지 못해서 일하며 노력하지 않고 항상 가능한 적게 일하려고 함으로써 모든 일을 고되고 단조로운 것으로 만드는 데서 비롯된다는 것이다. 그러한 태도는 엄청난 개인적인 비용을 통해서만, 곧 인격의 다른 측면들이 '꺼지거나' 철회되거나 억압됨을 통해서만, 또는 원한과 쓰라림에 의해 공급되는 계산적인 동기부여를 통해서만 유지될 수 있다."[80] 그 위험은 되풀이해서 경고해야 할 만큼 심각한 것이었다.

렝스토르프(Karl Heinrich Rengstorf)는 *Theological Dictionary of the New Testament*(TDNT, Gerhard Kittel 엮음)에 있는 그의 글에서 노예제에 대한 바울의 태도를 좀 더 폭넓게 논한다.[81] 노예제에 대한 명령들은 "전적으로 시대의 틀 안에 있는 것이며, 그것으로부터 고립될 수 없다." '노예'라는 단어는 속박과 제한의 이미지를 전달하지만, 바울은 노예들을 결코 경멸하거나 비하하는 말로 언급하지 않는다. 노예는 결코 멸시당하지 않는다. 진정한 신분을 결정짓는 것은 그리스도의 구속 사역이다. 그리스도 안에는 노예도 자유인도 없다. 그러나 사회의 구체적인 상황은 여전히 남아 있다. 그리스도인 노예의 주된 목표

---

80. Dunn, *Colossians and Philemon*, 255.
81. Rengstorf, "Doulos, slave."

는 "자유를 얻는 것이 아니다. 노예로서 그는, 주님께서 그들을 위해 대신 죽으신 사람들이 그랬던 것처럼, 주님을 위해 살아야만 한다."[82] 이것은 고린도전서 7장 17-24절에서 확인되는 바이며, 데이비드 호렐(David Horrell), 스콧 바치(Scott Bartchy), 존 바클레이(John Barclay), 데일 마틴(Dale Martin), 브루스 윈터(Bruce Winter) 같은 이들의 저서에서도 확인된다.[83] NJB는 고린도전서 7장 21절을 이렇게 번역한다. "여러분에게 자유의 기회가 있더라도, 노예로서 여러분의 상태를 이용하는 것을 더 좋아해야 합니다."[84]

24절에서는 선한 그리스도인 노예들이 받게 될 "상"이 "유산"으로 묘사되는데, 아마도 이것은 이스라엘이 약속의 땅으로 들어가는 것, 곧 이스라엘의 유산과 관련된 구약 본문들을 암시하는 듯하다. 헬라어 '클레로노모스(klēronomos)'는 단순히 아버지로부터 아들에게로 '유산된 재산'을 의미할 수 있다. 만일 "유산"이 약속받은 땅에 머무는 것을 암시한다면, 이것은 하나님 나라를 소유하는 것, 곧 하나님의 임재 안에 있는 것에 해당할 것이다.

"그래서 바울이 '불의를 행하는 사람은, 자기가 행한 불의의 대가를 받을 것입니다.'라고 말할 때(25절), 그것이 의미하는 바는 불의는 그 자신의 천벌—하나님께 정직한 사람만이 가질 수 있는 위치에서 배제되는 것—을 가져온다는 것이다."[85] 바울은 자신의 핵심을 재차 강조한다. 곧 노예는 실제로 주 그리스도를 섬기고 있다는 것이다. "주 그리스도"라는 어구는 우리가 생각하는 것보다 훨씬 적게 나오는 표현이다. 이 표현은 이곳과 로마서 16장 18절에만 나온다. 마울

---

82. Rengstorf, "Doulos, slave," 272.

83. 현대 문헌에서 이 주제를 어떻게 논하는지 참고하기 위해서는, Thiselton, *First Epistle to the Corinthians*, 550-65를 보라.

84. 고린도전서 7장 21-22절에 대해서는, Bartchy, *mallon chrēsai*와 Dale B. Martin, *Slavery as Salvation*, 특히 63-68를 보라.

85. Moule, *Colossians and Philemon*, 131.

은 바울이 주님이신 그리스도를 다른 주인들과 대조하고 있다고 제안한다. 그는 또한 "그리스도"는 이 시점에서 명칭(기름 부음 받은 이, 메시아)이라기보다는 거의 하나의 이름이 되었다고 말한다.[86]

오브라이언이 주목하듯이, "'아시기 바랍니다'는 사도가 그리스도인들이 익히 알고 있는 가르침의 형식을 소환하고 있음을 보여 준다. 그들은 그들의 상을 유산으로 받을 것인데, 그것은 바로 하늘의 주님에게서 오는 것이다."[87] "상"은 여기서 긍정적인 의미로 사용된다. 로마법 아래에서 노예는 어떤 것도 유산으로 받을 수 없지만, 그리스도인 노예들은 하늘에 계신 그들의 주인으로부터 상을 유산으로 받을 것이다.

노예들은 하나님은 심판하실 때 치우치지 않으시며 노예와 주인을 똑같이 대하신다는 것을 기억할 필요가 있다. 그들이 잘못을 저지르면, 그들은 그것에 대한 보응을 받게 될 것이다. "차별(prosōpolēmpsia)"이란 단어는 신약시대 전까지는 나타나지 않는다. 이 단어는 '편애를 드러내다(to show partiality)'라는 히브리 숙어를 반영하는데, 고대 숙어에서 이것은 "얼굴을 받아들이다(to accept the face, prosopon lambanein)"(LXX, 레19:15; 욥42:8)로 표현된다.

주인들에게는 무엇이 있는가? 그들은 노예들에 대해 의무가 있는가? 실제로 그들은 **그들 자신이** 하늘의 주인을 섬기는 노예들이라는 것을 인식하면서 노예들을 **정당하고 공정하게**(to dikaion kai tēn isotēta) 대해야 한다(4:1). 이 어구 "정당하고 공정하게"는 균등(equality)이 아니라 형평(equity)과 관계가 있다. 그들의 주인이신 그리스도 앞에서 노예와 자유인 모두 **동등한 위치에** 있다.[88] 하나님은 결코 편애하지 않으신다. 의로운 행위는 주인과 노예에게 똑같이 요구된다. 비

---

86. Moule, *Colossians and Philemon*, 131.

87. O'Brien, *Colossians, Philemon*, 228.

88. Caird, *Paul's Letters from Prison*, 209.

숫한 맥락에서 바울은 고린도후서 5장 10절에 이렇게 썼다. "우리는 모두 그리스도의 심판대 앞에 나타나야 합니다. 그리하여 각 사람은 선한 일이든지 악한 일이든지, 몸으로 행한 모든 일에 따라, 마땅한 보응을 받아야 합니다."(새번역)

⟨묵상을 위한 질문⟩

1. 여성에 대한 태도가 변하고 있음을 생각할 때, 바울의 명령들에 대해서 우려되는가? "순종하십시오"는 무엇을 의미하는가? 이것은 질서정연한 삶 이상을 의미하는가? 누군가 지배하길 원하기 때문에 결혼생활이 실패할 수도 있는가?

2. 가족관계를 망가뜨리지 않기 위해 원망을 멈추는 것이 얼마나 중요한가? 원망의 원인은 무엇인가? 책임 있는 행동이란 무엇인가?

3. 이 본문에 나오는 세 가지 관계는 모두 권력에 관한 것인가? 아니면 다른 어떤 것에 관한 것인가? 아버지와 남편에게 부과되는 상호 의무는 무엇인가? 결혼생활이 권력을 가지려는 다툼으로 전락한다면 실패하지 않을까?

4. 우리의 가정과 가족관계에서 어떻게 살아가는지는 우리의 신앙에 대해 무엇을 말해주는가? 그리스도인의 증언은 일상생활이나 위기의 상황에서 시험받는 것인가? "노예와 주인"에 대한 원칙은 고용주와 직원에게도 적용되는가?

5. 온 가족이 그리스도의 주되심 아래 산다고 할 때, 분노와 화, 욕설, 갈등, 평화가 가족 안에서 어떤 위치에 있다는 의미인가? 가족의 일부만이 그리스도인이라면 어떤 변화가 일어나야 하는가?

6. 하나님 아버지에 대한 예수 그리스도의 순종은 우리 모두가 따라야 할 양식인가? 아버지의 목적에 순종하며 살기 위해서 예수님은 아버지의 말씀에 얼마나 많이 귀를 기울이셨는가?

7. 끊임없는 비판과 질책은 아이들의 자존감을 파괴하는가? 어떻게 해야 규율이 균형 있고 일관성 있을 수 있을까? 친절한 작은 행동들의 가치는 무엇인가?

8. 어떻게 하면 1세기의 가치가 현대 민주주의 사회로 옮겨질 수 있을까?

9. 가능한 적게 일하면서 살아가고자 하는 유혹을 피할 수 있을까? 그리스도 우리 주 안에서 하나님께 온 마음을 쏟듯이, 우리가 하는 일에 온 마음을 쏟는 법을 어떻게 배울 수 있을까?

(4) 마지막 권면들: 기도, 선교, 그리고 외부인들과의 접촉(4:2-6)

²기도에 힘을 쓰십시오. 감사하는 마음으로 기도하면서, 깨어 있으십시오. ³
또 하나님께서 전도의 문을 우리에게 열어 주셔서, 우리가 그리스도의 비밀
을 말할 수 있도록, 우리를 위해서도 기도하여 주십시오. 나는 이 비밀을 전하
는 일로 매여 있습니다. ⁴그러니 내가 마땅히 해야 할 말로 이 비밀을 나타낼
수 있도록 기도해 주십시오. ⁵외부 사람들에게는 지혜롭게 대하고, 기회를 선
용하십시오. ⁶여러분의 말은 소금으로 맛을 내어 언제나 은혜가 넘쳐야 합니
다. 여러분은 각 사람에게 어떻게 대답해야 마땅한지를 알아야 합니다.[89]

기도에 "힘을 쓰십시오"(2절)는 헬라어 '프로스카르테레이테(*proskartereite*)'를
번역한 것인데, 댄커는 이것을 '부지런히 하다, 부지런히 행하다, 열심히 하다'
와 함께 '꾸준히 하다' 및 '계속하다'로 옮긴다.[90] 이것은 사도행전과 로마서에
있는 증거들만이 아니라 그 시대의 파피루스 문서들에 있는 증거들에도 들어맞
는다. 라이트는 "기도에 전념하십시오"라고, 로버트슨은 "기도를 꾸준히 계속
하십시오"라고 번역한다.[91] 헬라어 '그레고룬테스 엔 아우테(*grēgorountes en autē*)'
는 그들이 항상 깨어 있거나, 주의를 기울이거나, 조심하거나, 잠을 자지 않으면
서 그것(곧 기도)에 열중해야 한다는 것을 의미한다. 이 책에서는 대명사 "그것"
을 설명하기 위해서 "그것 안에서"를 "기도하면서"로 대체했다. 모패트는 "기
도를 향한 열정을 유지하십시오"라고 번역한다. 라이트푸트는 기도를 오래 지
속하면 무기력하게 되기 쉽기 때문에 마음이 깨어 있어야 한다는 추가적인 의

---

89. 본문 주: 3절의 "그리스도의 비밀(the mystery of Christ)"을 몇몇 증인들(B*, L)은 "하나님의 비밀
(mystery of God)"로 독해한다.

90. Danker, BDAG, 881.

91. Robertson, *Word Pictures in the New Testament*, vol. 4, 509.

무릎 바울이 부과하는 것이라고 주장한다.[92] 케어드는 이렇게 주해한다. "기도는 주의를 기울여 기회들을 준비하는 것입니다."[93] 기도와 감사가 "그리스도인의 삶을 지배하는 분위기가 되어야 한다."[94] 링컨은 이렇게 말한다. "기도가 특징을 이루는 삶은 피조물인 우리가 하나님께 의존한다는 것을 인정하는 것이다."[95]

바울은 자신과 동료들이 그리스도를 선포하는 기회들('문을 연다'는 은유로 표현된)이 생길 수 있도록 기도하는 것을 잊지 말라고 골로새 성도들에게 요청한다(3절).[96] 로버트슨은 이렇게 주해한다. "모든 설교자 중에서 가장 위대한 사람[바울]이 다시 풀려나서 복음을 전할 수 있도록 기도해 달라고 요청하는 것을 본다는 것은 다른 설교자들에게 위로를 준다. 그는 다른 곳에서도 이런 비유를 사용하는데, 한 번은 에베소에서 대적들이 많은 가운데 큰 문이 활짝 열렸다(고전16:29)는 것에서이고, 또 한 번은 드로아에 문이 열렸지만 갈 수 없었다(고후2:12)는 것에서이다."[97] 이 편지는 바울이 골로새 성도들을 위해 기도한다는 그의 확인으로 시작했다. 이제 이 편지의 이 마지막 부분에서 바울은 그들에게 그를 위해 기도해 달라고 요청한다. 던이 주목하듯이, 이것은 바울과 초기 바울의 선교에서 기도는 필수적인 것이었음을 강조한다.[98] 칼뱅은 이렇게 말한다. "그렇다면 오늘 이 시대에 누가 감히 형제의 간구를 무시할 수 있겠는가? 바울이 이렇게

---

92. Lightfoot, *Colossians and Philemon*, 231.

93. Caird, *Paul's Letters from Prison*, 209.

94. Scott, *Colossians, Philemon and Ephesians*, 83.

95. Lincoln, *Colossians*, 663.

96. 맥도널드(Macdonald)는 바울이 "또한 우리를 위해 기도하십시오"라고 골로새 성도들에게 요청할 때, "우리"는 오직 바울만을 가리킬 수도 있지만, 그가 디모데(1:1) 및 에바브라(4:12-13)와 같은 동료들과 함께 애쓰고 있는 복음전도의 수고들을 가리킨다고 보는 것이 더 가능성이 클 것이라고 주해한다 (MacDonald, *Colossians, Ephesians*, 171).

97. Robertson, *Word Pictures in the new Testament*, vol. 4, 509.

98. Dunn, *Colossians and Philemon*, 262.

공개적으로 자신에게 형제의 간구가 필요하다고 말하는데 말이다."[99]

바울은 그의 뼛속에 복음의 불을 가지고 있었으며, 갇혀 있는 동안에조차 복음을 전하길 원했다(3절). 이러한 심정은 빌립보서 1장 12-14절에도 암시된다. "형제자매 여러분, 내게 일어난 일이 도리어 복음을 전파하는 데에 도움을 준 사실을, 여러분이 알아주시기를 바랍니다. 내가 그리스도 안에서 감옥에 갇혔다는 사실이 온 친위대와 그 밖의 모든 사람에게 알려졌습니다. 주님 안에 있는 형제자매 가운데서 많은 사람이, 내가 갇혀 있음으로 말미암아 더 확신을 얻어서, 하나님의 말씀을 겁 없이 더욱 담대하게 전하게 되었습니다."(새번역) 그러나 바울은 또한 복음이 온 세상 곳곳으로 퍼져나갈 것이라는 소망을 밝힌다(1:5-6).

바울은 4장 3절과 4절에서 "말하다"라는 단어를 사용하지만, 맥도널드와 던은 문맥상 "선포하다"가 더 적절한 번역이라고 제안한다. 이 단어에는 한때는 감춰졌으나 이제는 복음 안에서 밝히 드러난 것을 명확하고 확신 있게 말하기를 바라는 기도가 함축되어 있다. 이는 바울이 그의 놀라운 복음 설교에도 불구하고, "결코 만족하지 못했다"는 것을 의미하는가?(로버트슨) 그렇다면 도대체 어떤 설교자가 만족할 수 있겠냐고 로버트슨은 반문한다. 바울은 어떻게 복음을 선포해야 "마땅한지(dei)"(4절) 분명하게 알고 있다. 던은 이 "마땅히"에는 "바울로 하여금 그의 엄청난 수고와 고난의 사역을 추호의 흔들림 없이 지탱하고 [또] 그 사역을 그토록 효과적이게 만든, 그의 불타는 확신과 운명에 대한 자각"이 표현되어 있다고 평한다.[100]

"외부 사람들에게는 지혜롭게 대하고, 기회를 선용하십시오."(5절) 케어드는 이렇게 말한다. "그리스도인은 긴박감을 가지고 있어야 한다. 그러나 그렇다고

---

99. Calvin, *Philippians, Colossians, and Thessalonians*, 223.

100. Dunn, *Colossians and Philemon*, 264.

해서 공론에 둔감해서는 안 된다. 외부인들이 살아가는 방식을 두고서 적절하지 않은 때에 그들을 불필요하게 도발하거나 적대해서는 안 된다."[101] 브루스가 주해하듯이, 바울 시대에는 그리스도인의 행동과 믿음에 관한 왜곡된 이야기들이 회자되고 있었고, 따라서 그리스도인들은 이러한 비방에 어떤 근거도 제공하지 않고, 오히려 평범한 삶의 방식을 보여 줌으로써 그런 비방이 거짓임을 증명해야 했다.[102] 또 그는 많은 비그리스도인들이 성경을 읽거나 하나님의 말씀에 관한 설교를 듣지 않을 수도 있지만, 그들은 그것을 행하는 사람들의 삶을 볼 수 있고, 그에 따라 판단을 내릴 수 있다고 덧붙인다. 그리스도인은 기회의 땅에서 이 현재의 시간을 최대한 활용해야 한다.

여기서 "기회를 선용하십시오(redeem the time)"라는 권고(5절, 엡5:16에서도 반복된다)는 믿지 않는 이웃들에 대한 그들의 의무에 특별히 적용되는 것으로 보인다. 또한 이 구절은 매 순간이 귀하다는 뜻도 담고 있다. 바울은 그리스도인들이 가정에서 어떻게 행동해야 하는지를 거론했었다. 이제는 그들이 세상에서 어떻게 행동해야 하는지를 거론한다. 라이트는 이렇게 주해한다. "흠 없는 삶이 은혜로운 증언을 위한 기초가 되는데, 이는 그리스도인들이 모든 기회를 최대한 이용할 때 그렇다."[103]

소금으로 맛을 내는 말이 필요하다. 소금으로 맛을 낸다는 표현은 1세기 사람들에게는 익숙한 숙어였다. 스콧이 주목하듯이, "평범한 그리스어에서 이 은유는 종종 대화에 활기를 불어넣을 때 사용되었다."[104] 플루타르크는 소금의 은유를, 연설할 때, 특히 재치 있는 연설을 할 때 사용했다. 그는 이렇게 말한다.

---

101. Caird, *Paul's Letters from Prison*, 210.
102. Bruce, *Ephesians and Colossians*, 299.
103. Wright, *Colossians and Philemon*, 157.
104. Scott, *Colossians, Philemon, and Ephesians*, 85.

"재치는 아마 가장 맛있는 조미료일 것이다. 그래서 어떤 사람들은 재치를 친절함이라고 부르는데, 왜냐하면 그것은 식사라는 필수적이지만 따분한 일을 즐거운 것으로 만들기 때문이다."[105] 소금은 또한 예수님의 가르침에서도 등장한다(마5:13; 막9:49-50; 눅14:34-35). NJB는 이렇게 번역한다. "항상 기쁘고 즐겁게 대화하십시오." 던이 주해하듯이, 이것은 "거룩한 무리(holy huddle)"로서의 교회라는 개념을 배제하는데, 이런 교회는 오직 "'시온의 언어'로 내부자들에게만 말하는 것이다. …… 그러나 이것은 다른 사람들과도 정기적인 대화에 참여하는 것이다."[106] 그는 덧붙이기를, 이러한 그림은 우리가 상상할 수 있는 한, 신앙이나 교회 밖의 사안들이나 "사소한 대화(small talk)"에는 전혀 관심이 없는 그리스도인의 그림과는 거리가 먼 것이라고 한다. "그러나 그런 대화는 정기적으로 그리고 상당히 자연스럽게 보다 구체적인 기독교 증언을 할 수 있는 기회를 제공한다. 이는 '세속적인' 대화에 인위적으로 추가되는 어떤 것도 아니고, 특별한 언어나 말하는 방식을 요구하는 것도 아니다. 그보다 그것은 의견과 생각을 교환하는 전형적인 대화의 일부이다."[107]

105. Plutarch, *Moralia* 514EF and 685A; cited in Danker, BDAG, 41.
106. Dunn, *Colossians and Philemon*, 266.
107. Dunn, *Colossians and Philemon*, 267.

〈묵상을 위한 질문〉

1. 기도를 계속해 갈 때, 우리는 정신을 차리게 되는가, 아니면 너무 쉽게 산만해지는가?

2. 우리의 기도는 감사로 가득 차 있는가?

3. 우리는 목회자와 설교자를 위해 얼마나 기도하는가? 우리는 그들이 복음을 위해 더 많은 기회를 가질 수 있도록 기도하는가?

4. 우리는 목회자와 설교자가 더 잘하기를 얼마나 자주 갈망하는지 충분히 인식하고 있는가?

5. 얼마나 자주 갇힌 사람들을 위해 기도하는가, 또는 어떤 종류의 제재를 받고 있는 사람들을 위해 얼마나 자주 기도하는가?

6. 우리는 비그리스도인들 앞에서 공적으로 지혜롭고 흠 없게 살아가는 것에 관심을 기울이고 있는가?

7. 우리는 "거룩한 무리" 안에서 살면서 외부인들과의 접촉을 제한하는가? 아니면 교회 밖에 있는 사람들과 사회적으로 교류하는가?

8. 우리가 다른 사람들과 나누는 대화는 얼마나 친절한가?

9. 우리는 시간을 소중하게 여기면서 모든 기회를 활용하려고 하는가?

10. 우리는 그리스도를 위해 우리가 영향을 끼치려고 하는 사람들에게 민감한가, 아니면 무심한가?

4. 신상 기록:

바울의 서신을 전달하는 이들과 동료들, 그리고 끝인사(4:7-18)

[7]내 모든 사정은 두기고가 여러분에게 알려드릴 것입니다. 그는 주님 안에서, 사랑하는 형제요, 신실한 일꾼이요, 함께 종된 사람입니다. [8]나는 그를 여러분에게 바로 이런 목적을 위하여 보냅니다. 곧 여러분이 우리가 어떻게 지내는지를 알게 되고 그래서 마음에 위로를 받게 하려는 것입니다. [9]그리고 사랑 받는 신실한 형제인 오네시모도 같이 보냅니다. 그는 여러분의 공동체에서 온 사람입니다. 그들이 이곳 사정을 모두 여러분에게 알려 드릴 것입니다. [10]나의 동료 죄수인 아리스다고와 바나바의 사촌인 마가가 여러분에게 문안합니다. 여러분은 마가에 관한 지시사항을 받았습니다. 그가 여러분에게 찾아간다면, 그를 환영해 주십시오. [11]유스도라는 예수도 문안합니다. 할례 받은 사람들로서는 이들만이 하나님의 나라를 위하여 일하는 나의 동역자들이요, 나에게 위로가 되어 준 사람들입니다. [12]여러분의 공동체에서 온 사람이요 그리스도의 종인 에바브라가 여러분에게 문안합니다. 그는 여러분이 성숙하게 되고, 하나님의 모든 뜻에 확신을 가지고 서기를 기도하면서, 늘 여러분을 위하여 애쓰고 있습니다. [13]나는 그가, 여러분을 위하여, 그리고 라오디게아와 히에라볼리에 있는 사람들을 위하여, 지치지 않고 일하고 있다는 것을 증언합니다. [14]사랑하는 의사인 누가와 데마도 여러분에게 문안합니다. [15]라오디게아에 있는 형제자매들과 눔바와 그 부인의 집에서 모이는 교회에 문안해

주십시오. ¹⁶여러분이 이 편지를 읽은 다음에는, 라오디게아 교회에서도 읽을 수 있게 하고, 라오디게아 교회에서 오는 편지도 읽으십시오. ¹⁷그리고 아킵보에게 "주 안에서 받은 기독교 사역에 주의를 기울여서 그것을 완전히 수행할 수 있도록 하십시오"라고 일러주십시오. ¹⁸나 바울이 친필로 문안합니다. 내가 갇혀 있음을 기억하십시오. 은혜가 여러분에게 있기를 빕니다.¹

이름의 뜻이 '행운의 남자(Mr. Fortunate)'²인 두기고는 바울이 신뢰하는 일꾼, 곧 "함께 종된 사람"이다(바울은 1장 7절에서 에바브라도 이렇게 소개한다). 바울은 그를 "신실한" 사람이라고 묘사하는데, 이 말에는 '믿음직한'이라는 뜻이 담겨 있다.³ 두기고는 골로새 성도들에게 보내는 이 편지의 전달자일 뿐 아니라(7절), 에베소 성도들에게 보내는 편지의 전달자이기도 하다(엡6:21-22). 그는 아시아 지방, 아마도 에베소 사람이었을 것이다(행20:4). 디모데후서 4장 12절에 따르면, 바울은 두기고에게 어떤 임무를 맡겨 그를 에베소에 보냈는데, 이는 그가 이 지역 사람이었기 때문일 것이다. 두기고는 또한 바울이 이방 교회들에서 모금한 연보를 예루살렘의 가난한 사람들에게 전달하는 중요한 임무를 수행할 때도 동행했다. 그런 그가 바울에 관한 모든 소식(ta kat' eme는 "나의 사정"을 의미한다)을 골로새 성도들에게 전할 것이다(7절). 7-8절은 에베소서 6장 21-22절과 사실상 일치한다. 몰

---

1. 본문 주: 8절의 "여러분이 우리의 사정을 알고"는 거의 확실한 것으로, A, B, D*, 33, 사히드 방언(Sahidic) 콥트어(Coptic), 대부분의 시리아어 필사본(Syriac MSS)의 지지를 받는다. Ɗ46과 Sinaiticus의 교정자들은 "우리 사정"을 "너희 사정"으로 대체함으로써 의미의 혼란을 일으켰다. 일부 사역들은 그 혼란을 제거하려고 시도했다(Cf. Metzger, *A Textual Commentary on the New Testament*, 559-60). 12절에서 UBS 위원회는 "그리스도의 종"으로 읽어야 할지, 아니면 "그리스도 예수의 종"으로 읽어야 할지를 결정하는 데 난관에 봉착했다. 15절에서 눔바의 성별은 불확실하다. 마찬가지로 필사본들도 "그의"와 "그녀의"로 제각각 번역한다. USB 위원회는 여성명사를 선호하는데, B와 다른 필사본들이 이를 부분적으로 지지한다.

2. Moulton, *Colossians, Philemon and Ephesians*, 65.

3. O'Brien, *Colossians, Philemon*, 247.

턴은 골로새서와 에베소서 각 서신을 작성할 때 바울이 두기고에게 개인적인 세부사항을 채우라고 요청했을 것이라고 제안한다.[4]

8절에서 헬라어 '펨포(*pempō*, 보내다)'의 과거시제인 '에펨프사(*epempsa*, 문자적으로는 "나는 보냈다")'는 현재의 의미를 지닌 '서신적 부정과거'(*epempsa*)로 이해되어야 한다. 이것은 독자들이 편지를 쓰는 사람의 시점을 돌아보는 회고적 관점에서만 과거이다. 바울이 이 편지를 쓸 때는 아직 두기고 편에 편지를 보내지 않았다는 것은 명백하다. 따라서 이 책에서는 이것을 "내가 그를 여러분에게 보냅니다"로 번역한다. 바울이 그를 보내면 골로새 성도들은 바울 일행이 어떻게 지내는지 알게 될 것이다. "여러분이 알 것입니다(*hina gnōte*)"는 엄밀히 말해 '동작의 시작을 나타내는(ingressive)' 부정과거로,[5] "여러분이 알게 될 것입니다"를 의미한다. 헬라어 어구 '에이스 아우토(*eis auto*)'는 문자적으로 "바로 이것을 위하여"를 의미하는데, 이는 "바로 이런 목적을 위하여" 또는 "바로 이런 이유 때문에"로 옮길 수 있다. "두기고는 특별히 평가받는 동료였다."[6] 그래서 그는 바울의 현 상황에 관해 바울이 그저 서신으로 표현하는 것보다 더 많은 것을 골로새 성도들에게 전할 수 있다. "우리가 어떻게 지내는지를(how we are, *ta peri hēmōn*)"을 TCNT, NASB, 그리고 NIV는 "우리의 상황들을"로 옮긴다.

오네시모도 두기고와 함께 이 편지의 공동 전달자이다(9절). 그는 바울에게서 똑같이 칭찬을 받는다. 비록 그가 도망친 노예이지만 말이다. 바울은 그에 관해 빌레몬서에서 적고 있다. 그는 개종했기 때문에 더 이상 혼자가 아니다. 오히려 그는 공동체와 사도 동아리에서 신뢰받는 구성원이다. 그는 이제 책임 있는 임

---

4. Moulton, *Colossians, Philemon and Ephesians*, 65.

5. '동작의 시작을 나타내는(Ingressive)'에는 어떤 상태로의 진입이라는 의미가 내포되어 있다. '부정과거(aorist)'에는 전체로 표현된 과거의 행동이라는 의미가 내포되어 있다.

6. O'Brien, *Colossians, Philemon*, 247.

무를 받을 수 있는 사람이다. 던은 이렇게 주해한다. "그는 마땅히 두기고가 받은 것과 비슷한 찬사―'사랑 받는 신실한 형제'―를 받아야 한다."[7] 이 책에서는 "여러분의 공동체에서 온"으로 번역하는데, 이는 헬라어를 단지 "여러분으로부터"라고 번역하면 "여러분"이 도시(정치적 정체성)를 가리키는지, 교회(기독교적 정체성)를 가리키는지가 명확하지 않기 때문이다. 아마도 두 가지 모두로 이해될 수도 있겠지만, 이제 그가 개종한 이후로는 교회가 우선이다.

10절에는 바울의 유일한 유대 그리스도인 동료로 불리며 바울에게 위로를 주고 있다고 칭찬을 받는 세 사람의 문안 인사가 나온다. 아리스다고는 데살로니가 사람으로 바울과 동행하여 이방인 교회들로부터 모금한 연보를 가지고 예루살렘에 갔던 사람이다(행19:29; 20:4). 그는 지금 바울과 함께 로마에 있다. 헬라어 '시나이크말로토스 무(synaichmalōtos mou)'는 바울이 고안해 낸 말인 것 같은데, 이것은 아마도 "동료 죄수" 또는 더 적절하게는 "전쟁의 동료 죄수"(케어드와 마울)를 의미할 것이다. 그러나 이것은 그의 기독교 사역을 가리키는 것일 수도 있다.[8] 아보트(Abbott)는 문자 그대로 수감(收監)을 지지하지만, 마울은 다르게 주장한다.[9]

신약은 그 세 사람 가운데 두 번째로 소개되는(10절) 마가에 관하여 많은 정보를 제공한다. 바울은 한때 마가와 결별했었다(행15:36-39). 그러나 이제 바울은 그를 진심으로 칭찬한다. 마가가 바울과 빚은 갈등은 확실히 일시적인 것이었다. 바울은 골로새 성도들에게 마가가 그들에게 가면 환대해 달라고 요청한다. 한편으로, 마울은 전통적으로 복음서 기자라고 생각되는 사람들 중 두 사람인 마

7. Dunn, *Colossians and Philemon*, 273.
8. Moule, *Colossians and Philemon*, 136-37.
9. Abbott, *Ephesians and Colossians*, 300.

가(10절)와 누가(14절)가 여기서 바울과 함께 있다는 사실에 주목한다.[10] 마가는 바나바의 "사촌(anepsios)"이다. (Anepsios는 훨씬 후대의 헬라어에서는 '조카'를 의미하지만, 바울 시대와 파피루스 문서에서는 '사촌'을 의미했다.) 바울은 여기서 바나바를 마치 그가 골로새에서 익히 알려져 있는 사람인 것처럼 언급한다.[11]

예수가 그 삼인조 가운데 세 번째 인물이다(11절). "예수"라는 이름은 빈번하게 나타나는데, 이는 '여호수아'라는 뜻이다. "유스도"라는 성(姓)은 헬라어 '디카이오스(dikaios)'를 뜻하며, 히브리어 '자도크(Zadok)'와 같은 말이다. 예수 유스도는 여기서만 등장하고 다른 데서는 우리에게 알려진 바가 없다. 바울은 이 삼인조를 "할례 받은 사람들"이라고 부르는데, 이것은 단지 그들이 유대인이라는 의미일 뿐이다. 따라서 마가와 아리스다고와 예수 유스도는 당시 바울과 동행한 세 명의 유대인 그리스도-신자였다. 대조적으로 누가와 에바브라는 이방인 그리스도인이었다. 유대인 삼인조는 바울에게 큰 위로가 되어 준 이들이었다. "위로(parēgorikos)"는 신약에서 오직 여기서만 나타난다.

에바브라는 "여러분 중 한 사람"(12절, "여러분의 공동체에서 온")으로 소개된다. 그 또한 이 편지에서 골로새 교회에게 안부를 전한다. 맥도널드는 이렇게 말한다. 바울의 모든 동료 일꾼들 중에서 "에바브라가 골로새 성도들에게는 아마도 가장 중요한 사람일 것이다. 1장 6-8절에서 그는 그들에게 복음을 전한 사람으로 소개되고 있다."[12] 그는 또한 골로새에 있는 그리스도인들을 위해 끊임없이 기도했는데, 이것은 기도의 중요성을 다시금 부각한다. 그는 골로새 성도들이 "결코 퇴보하지 않고 하나님의 모든 뜻을 항상 완전하고 확신 있게 지킬 수 있기를" 힘써 기도했다. 바울은 "힘쓰다" 또는 "싸우다"(agōnizomenos)란 단어를 사용

---

10. Moule, *Colossians and Philemon*, 138.

11. O'Brien, *Colossians, Philemon*, 250.

12. MacDonald, *Colossians, Ephesians*, 181.

하는데, 왜냐하면, 브루스의 주해에 따르면, "기도는 일이며" 큰 노력을 요구하기 때문이다.[13] 에바브라는 하나님께 골로새 성도들이 "성숙하게 서기를" 또는 "완전하게 확신하기를"(곧, 그들의 믿음이 확고하게 되기를) 간구한다.

에바브라는 두 가지 근거에서 칭찬을 받는 것으로 보인다. 첫째는 그의 꾸준한 기도 때문이며(12절), 둘째는 그의 수고 때문이다(13절).[14] 그가 "지치지 않고 일하고 있다는 것"은 기도와 관련된 것일 수도 있고, 아니면 보다 일반적으로 끊임없이 노동하는 것과 관련된 것일 수도 있다. 이 단어는 무거운 육체적인 일과 정서적인 고통을 모두 의미한다. 에바브라는 골로새 성도들을 위해서만이 아니라, 라오디게아와 히에라볼리의 두 도시를 비롯해 라이코스 계곡에 있는 다른 교회들을 위해서도 지치지 않고 일한다. 히에라볼리는 골로새에서 10㎞ 거리에 있고, 중요한 교역 중심지인 라오디게아는 18㎞ 거리에 있다. 이 세 교회는 아마도 감독이자 주교, 또는 담임 목사인 에바브라와 함께 협력했을 것이다.

사랑 받는 의사 누가도 안부를 전한다. 이는 전통적으로 누가복음서와 연결되어 있는 바로 그 누가이다. 그는 디모데후서 4장 11절과 빌레몬서 1장 24절에서 언급되며(이 두 곳에서도 골로새서와 같이 그를 마가와 연결한다), 사도행전에서는 바울의 동료로 언급된다. 로버트슨은 이렇게 말한다. "마가와 누가 둘 다 이 시기에 바울과 함께 있었으며, 아마도 또한 그들 각자가 쓴 복음서의 사본도 갖고 있었을 것이다."[15] 대부분의 학자들은 로버트슨의 이런 견해를 기껏해야 추측에 불과한 것이라고 간주한다.

데마도 문안 인사를 하는데(14절), 이 이름은 데메트리우스를 축약한 것이다. 디모데후서 4장 10절에서 그는 "이 세상을 사랑해서" 바울을 버린 사람으로 기

---

13. Bruce, *Ephesians and Colossians*, 307.
14. Lincoln, *Colossians*, 667.
15. Roberson, *Word Pictures in the New Testament*, vol. 4, 512.

술되고 있다.

바울이 이름을 부르며 인사를 전하는 사람들 중에는 눔바라고 불리는 여자 또는 눔바스라고 불리는 남자가 있다. 그(또는 그녀)는 라오디게아에 있는 교회의 집주인이다. 우리가 앞서 '본문 주'에서 상술한 대로, 이 이름을 두고 논란이 많다. 그러나 UBS 위원회는 여성 쪽을 선호하는데, 그 이유는 부분적으로 여성 이름이 B(Viticanus)의 지지를 받기 때문이다. 라이트푸트는, 비록 여전히 사변적 추론이기는 하지만, 남성 이름을 주장하는 이유를 상세하게 설명한다.[16] 아보트는 만일 이것이 여성 이름이라면 그 형식이 도리아 방언에 속할 것이라고 주장하면서, 이것은 "개연성이 굉장히 낮은 것"이라고 말한다.[17] 당연히 필사본들(MSS)은 어떤 대명사("그녀"/"그")를 사용하느냐에 따라 그 이름의 표기(눔바/눔바스)도 달라진다. 그리고 이 논쟁을 해결하기 위해서 헬라어 악센트에 의존할 수도 없는데, 그것은 헬라어 악센트가 가장 이른 시기의 필사본들(MSS)에는 없기 때문이다. 그래서 이 문제를 확정적으로 해결하기는 어렵다.

이 편지는 교회의 성도들이 모여 있는 자리에서 공개적으로 큰 소리로 낭독될 것이었다(16절). 바울의 의도는 라이코스 계곡에 있는 여러 회중에게 이 편지가 읽히는 것이었다. 그래서 그는 이 편지의 또 다른 수신 장소로 라오디게아를 명시하였다. 그는 또한 골로새 성도들에게 "라오디게아에서 오는 편지"를 회중 가운데서 읽으라고 요청한다.[18] 많은 사람이 라오디게아에서 오는 편지는 회람 서신이었을 것이라고 주장하는데, 이제 우리는 그것이 '에베소서'라는 것을 안다. 비록 존 낙스는 그것을 빌레몬서라고 했지만 말이다.[19] 골로새서와 에베소서

---

16. Lightfoot, *Colossians and Philemon*, 242.

17. Abbott, *Ephesians and Colossians*, 157.

18. 이 책의 번역 "have it read"는 헬라어 *poiēsate hina*를 독해한 것이다. 이 헬라어는 그것이 읽히도록 "시키다"를 의미한다(O'Brien, *Colossians, Philemon*, 257).

19. Knox, *Philemon among the Letters of Paul*, 38-47.

는 확실히 서로를 보완한다.

바울은 또한 아킵보에게 특별히 메시지를 보낸다(17절). 이 사람은 이곳과 빌레몬서 2절에서만 언급된다. 빌레몬서에서 아킵보는 빌레몬과 그의 아내와 그들의 가정교회와 관련해서 언급된다. 메시지는 이것이다. "주 안에서 받은 기독교 사역에 주의를 기울여서 그것을 완전히 수행할 수 있도록 하십시오." 그러나 주석가들은 그의 임무가 무엇이었는지 확신하지 못한다.

7-17절에 나오는 이름들의 목록은 바울에게 팀을 이끄는 능력이 있었음을 여실히 보여 준다. 웨슬리는 이렇게 기록한다. "사역은 주인이 아니라 봉사이며, 수고스럽고 고통스러운 일이며, 모든 일을 행하고 감내해야 하는 의무이며, 가장 보잘것없는 자가 되는 것이며, 그리고 모든 이들의 종이 되는 것입니다."[20]

편지의 이 지점에 이르기까지 바울은 대서인에게 받아쓰게 했다. 이제 18절에서 그는 자신의 손으로 직접 쓴다. 그가 고린도전서 16장 21절, 갈라디아서 6장 11절, 데살로니가후서 3장 17절, 그리고 빌레몬서 1장 19절에서 그렇게 했던 것처럼 말이다. 이런 절차는 바울의 시대에 흔히 사용되던 기법이었다.[21]

바울이 청중에게 하는 마지막 호소는 그의 사슬을 기억해 달라는 것이다. "기억하십시오"는 인식하거나 주의하는 것은 물론 기도 중에 기억하는 것도 포함된다. 그는 신앙 때문에 갇힌 사람들을 기억해달라고 자유로운 그리스도인들에게 간청한다. 몰턴은 함축적으로 풍족한 사람들은 가난한 사람들을 기억하고, 건강한 사람들은 병든 사람들을 기억하고, 그리고 걱정 없는 사람들은 걱정하는 사람들을 기억하도록 격려 받을 수 있다고 제안한다.[22]

"은혜가 여러분에게 있기를 빕니다(*charis meth' hymōn*)"는 그 어떤 바울 서신

---

20. Wesley, *Colossians*, 34.

21. Deissmann, *Light from the Ancient East*, 159-60.

22. Moulton, *Colossians, Philemon, and Ephesians*, 68.

에서보다도 짧은 맺음말이다.

〈묵상을 위한 질문〉

1. 우리는 때때로 이메일이나 편지를 주고받는 것보다 대면(對面) 대화의 기회를 더 소중하게 여기는가? 대면 소통이 때때로 구두로 말한 것을 보다 명확하게 해주는가?

2. 우리의 대화는 얼마나 자주 다른 사람들에게 진심 어린 격려를 가져다주는가? 아니면 불필요한 부정적인 비판으로 망치게 되는가?

3. 우리는 전과자와 도망자(오네시모 같은)를 다른 그리스도인과 동등한 신분으로 대하는가?

4. 동료 그리스도인들이 신앙 안에 굳건히 서기를 기도하는 것은 얼마나 중요한가? 우리는 기독교 교리를 너무 쉽게 평가절하하지 않는가?

5. 우리는 목사, 감독, 그리고 다른 그리스도인들이 우리를 위해 행한 기도와 일에 충분히 감사하는가?

6. 우리 지역 교회는 우리 이웃의 다른 교회들과 긴밀히 협력하고 있는가? 우리는 네트워킹을 장려하는가?

7. 우리는 복음을 위한 새로운 기회를 찾고자 기도하고 있는가? 우리는 진심으로 기도하는가?

8. 우리의 실패를 극복하는 것에 관해 마가, 오네시모, 데마에게서 우리는 무엇을 배울 수 있는가? 이러한 교훈들은 서로 확연히 다른가?

참고 문헌

Abbott, Thomas K. *A Critical and Exegetical Commentary on the Epistles to the Ephesians and to the Colossians*. ICC. Edinburgh: T. & T. Clark, 1897.

Balz, H., and Schneider, G., eds. *Exegetical Dictionary of the New Testament*. 3 Vols. Grand Rapids: Eerdmans, 1990-93.

Barr, James. *The Semantics of Biblical Language*. Oxford: Oxford University Press, 1961.

Bartchy, S. Scott. *Mallon chrēsai: First Century Slavery and the Interpretation of 1 Corinthians 7:21*. Missoula: Scholars, 1973.

Bauckham, Richard. *God Crucified: Monotheism and Christology in the New Testament*. Carlisle, UK: Paternoster, 1998.

_____. "Where Is Wisdom to be Found? (Colossians 1:15-20)." In *Reading Texts, Seeking Wisdom: Scripture and Theology*, edited by David F. Ford and Graham N. Stanton, 129-38. London: SCM, 2003.

Bedale, S. F. B. "The Meaning of kephalē in the Pauline Epistles." *Journal of Theological Studies* 5 (1954) 211-15.

Behm, Johannes. "Kardia in the New Testament." In *TDNT*, vol. 3, 605-14.

Bertram, Georg. "ōdin" (woes). In *TDNT*, vol. 9, 671-73.

Bjerkelund, C. J. *Parakalō: Form, Funktion und Sinn der parakalō-Sätze in den paulinischen Briefe*. Oslo: Universitetsforlaget, 1967.

Bornkamm, G. "The Heresy of Colossians." In *Conflict at Colossae*, edited by F. O. Francis and W. A. Meeks, 123-45. Missoula: Scholars, 1973.

Brown, F., S. R. Driver, and C. A. Briggs. *The New BDB Hebrew and English Lexicon*. Lafayette: Associated Publishers, 1980.

Bruce, F. F., with E. K. Simpson. *The Epistles of Paul to the Ephesians and to the Colossians*. NLC. London: Marshall, 1957.

Burney, C. F. "Christ as the Archē of Creation." *Journal of Theological Studies* 27 (1926) 160-77.

Caird, George B. "The Glory of God in the Fourth Gospel: An Exercise in Biblical Semantics." *New Testament Studies* 15 (1969) 265-77.

_____. *Paul's Letters from Prison*. Oxford: Oxford University Press, 1976.

Calvin, John. *Commentaries on the Epistles to the Philippians, Colossians, and Thessalonians*. Grand Rapids: Eerdmans, 1957.

Cannon, George E. *The Use of Traditional Materials in Colossians*. Macon, GA: Mercer, 1983.

Carrington, Philip. *The Primitive Christian Catechism*. Cambridge: Cambridge University Press, 1940.

Chrysostom, John. *Homilies on the Epistle to the Colossians*. In *Nicene and Post Nicene Fathers*, vol. 13, 257-321. Reprint, Peabody, MA: Hendrickson, 1994.

_____. *Homilies on Epistle to the Corinthians*. In *Nicene and Post Nicene Fathers*, vol. 12, 3-270. Reprint, Peabody, MA: Hendrickson, 1994.

Collins, John N. *Diakonia: Re-Interpreting the Sources*. 1990. Reprint, Oxford: Oxford University Press, 2009.

Crafton, Jeffrey A. *The Agency of the Apostle: A Dramatistic Analysis of Paul's Responses to Conflict in 2 Corinthians*. JSNTS 51. Sheffield: JSNTS, 1991.

Croft, Stephen. *Ministry in Three Dimensions: Ordination and Leadership in the Local Church*. London: DLT, 1999.

Danker, Frederick W. *A Greek-English Lexicon of the New Testament and Other Early Christian Literature*. BDAG. 3rd ed. Chicago: Chicago University Press, 2000.

Davies, W. D. *Paul and Rabbinic Judaism*. London: SPCK, 1958.

Deissmann, Adolf. *Bible Studies*. ET. Edinburgh: T. & T. Clark, 1909.

_____. *Light from the Ancient East*. ET. London: Hodder, 1927.

Denney, James. *The Death of Christ: Its Place and Interpretation in the New Testament*. London: Hodder and Stoughton, 1922.

Duncan, George S. *St. Paul's Ephesian Ministry: A Reconstruction*. London: Hodder, 1929

Dunn, J. D. G. *The Epistles to the Colossians and to Philemon*. NIGTC. Grand Rapids: Eerdmans, 1996.

_____. *Unity and Diversity in the New Testament*. 2nd ed. London: SCM, 1990.

Fletcher-Louis, Crispin. *Jesus Monotheism: Christological Origins: The Emerging Consensus and Beyond*. Eugene, OR: Cascade, 2015.

Gordley, Matthew E. *The Colossian Hymn in Context: An Exegesis in Light of Jewish and Greco-Roman Hymnic and Epistolary Conventions*. WUNT 2, 228. Tübingen: Mohr, 2007.

_____. *Teaching through Song in Antiquity: Didactic Hymnody among Greeks, Romans, Jews, and Christians*. WUNT 2, 302. Tübingen: Mohr, 2011.

Gundry, Robert H. *Sōma in Biblical Theology with Emphasis on Pauline Anthropology*. SNTSMS 29. Cambridge: Cambridge University Press, 1976.

Hammerton-Kelly, R. G. *Pre-existence, Wisdom, and the Son of Man*. Cambridge: Cambridge University Press, 1973.

Hanson, Anthony T. *Studies in Paul's Technique and Theology*. London: SPCK, 1974.

Harris, Murray J. *Colossians and Philemon*. Grand Rapids: Eerdmans, 1991.

Hooker, Morna D. "Were There False Teachers in Colossae?" In *Christ and Spirit in the New Testament*, edited by Barnabas Lindars and Stephen S. Smalley, 315-31. Cambridge: Cambridge University Press, 1973. (Reprinted in M. D. Hooker, *From Adam to Christ: Essays on Paul*, 121-36. Cambridge: Cambridge University Press, 1990.)

Hübner, H. "*Plēröma*." In *Exegetical Dictionary of the New Testament*, vol. 3, edited by H. Balz and G. Schneider, 110–11. 3 Vols. Grand Rapids: Eerdmans, 1990-93.

Hunter, A. M. *Paul and His Predecessors*. 2nd ed. London: SCM, 1961.

Hurtado, Larry W. *Lord Jesus Christ: Devotion to Jesus in Earliest Christianity*. Grand Rapids: Eerdmans, 2003.

_____. *One God, One Lord: Christian Devotion and Ancient Jewish Monotheism*. Grand Rapids: Eerdmans, 2005.

Jewett, Robert. *Paul's Anthropological Terms: A Study of Their Use in Conflict Settings*. Leiden: Brill, 1971.

Kähler, Else. *Die Frau in den paulinischen Briefen*. Zürich: Benziger, 1960.

Käsemann, Ernst. "A Primitive Christian Baptismal Liturgy." In *Essays on New Testament Themes*, 149–68. ET. London: SCM, 1964.

Keesmaat, Sylvia C. "Colossians." In *Dictionary for Theological Interpretation of the Bible*, edited by in Kevin J. Vanhoozer et al., 119–23. Grand Rapids: Baker Academic, 2005.

Knox, John. *Philemon among the Letters of Paul*. London: Collins, 1960.

Kremer, Jacob. "Was an den Bedrängnissen des Christus Mangelt: Versucht einer bibeltheologischen Neuinterpretatation von Kol. 1:24." *Biblica* 82 (2001) 130–46.

Kümmel, Werner G. *Introduction to the New Testament*. ET. London: SCM, 1963.

Lightfoot, J. B. *St. Paul's Epistles to the Colossians and to Philemon: A Revised Text with Introductions, Notes, and Dissertations*. London: MacMillan, 1876.

Lincoln, Andrew T. *The Letter to the Colossians: Introduction, Commentary, and Reflections. In The New Interpreter's Bible*, vol. 11, 551–669. Nashville: Abingdon, 2000.

Lohse, Eduard. *Colossians and Philemon: A Commentary on the Epistles to the Colossians and to Philemon*. ET. Hermeneia. Philadelphia: Fortress, 1971.

Lohse, Eduard. "Christusherrschaft und Kirche im Kolosserbrief." *New Testament Studies* 11 (1964-65) 203–16.

Lossky, Vladimir. *In the Image and Likeness of God*. London: Mowbray, 1974.

_____. *The Mystical Theology of the Eastern Church*. New York: St Vladimir's Seminary Press, 1976.

MacDonald, Margaret Y. *Colossians, Ephesians*. Sacra Pagina. 2000. Reprint, Collegeville, MN: Liturgical, 2008.

Martin, Dale B. *Slavery as Salvation*. New Haven, CT: Yale University Press, 1990.

Martin, Ralph P. *Carmen Christi: Philippians 2:5-11 in Recent Interpretation and in the Setting of Early Christian Worship*. SNTSMS 4. Cambridge: Cambridge University Press, 1967.

_____. *Colossians and Philemon*. NCB. London: Oliphants, 1978.

McKnight, Scot. The Letter to the Colossians. NIC. Grand Rapids: Eerdmans, 2018.

Metzger, Bruce M. A Textual Commentary on the Greek New Testament. Stuttgart: UBS, 1994.

Moo, Douglas J. The Letters to the Colossians and to Philemon. PNTC. Grand Rapids: Eerdmans,

2008.

Moule, C. F. D. *The Epistles to the Colossians and to Philemon*. CGTC. Cambridge: Cambridge University Press, 1962.

Moulton, Harold K. *Colossians, Philemon, and Ephesians*. London: Epworth, 1963.

Moulton, J. H., and G. Milligan. *Vocabulary of the New Testament*. London: Hodder, 1952.

Norden, E. *Agnostos Theos*. 4th ed. Darmstadt: Wissenschaftliche Buchgesellschaft, 1956.

O'Brien, Peter T. *Colossians, Philemon*. WBC. Nashville: Nelson, 1982.

Ogg, George. *The Chronology of the Life of Paul*. London: Epworth, 1968.

Pao, David W. *Colossians and Philemon*. ECNT. Grand Rapids: Zondervan, 2012.

Peake, A. S. *Colossians*. In *The Expositor's Greek Testament*, vol. 3, edited by W. Robertson Nicoll, 477-547. 1917. Reprint, Grand Rapids: Eerdmans, 1956.

Pfitzner, Victor C. *Paul and the Agon Motif: Traditional Athletic Imagery in Pauline Literature.* ; Novum Testamentum Supplement. Leiden: Brill, 1967.

Polhill, J. B. "The Relationship between Ephesians and Colossians." *Review and Expositor* 70 (1973) 439-50.

Reitzenstein, R. *Hellenistic Mystery Religions: Their Basic Ideas and Significance*. Pittsburgh: Pickwick, 1978.

Rengstorf, Karl H. "*Doulos*, slave." In *TDNT*, vol. 2, 270-73.

Richards, E. Randolph. *Paul and First-Century Letter Writing: Secretaries, Composition and Collection*. Downers Grove, IL: IVP Academic, 2004.

Richards, E. Randolph. *The Secretary in the Letters of Paul*. WUNT2/42. Tübingen: Mohr/Siebeck, 1991.

Robertson, Archibald T. *Word Pictures in the New Testament*, vol. 4. New York: Smith, 1931.

Robinson, James M. "A Formal Analysis of Colossians 1:15-20." *Journal of Biblical Literature* 76 (1957) 270-87.

Robinson, John A. T. *The Body*. London: SCM, 1952.

Sanders, E. P. *Paul and Palestinian Judaism*. London: SCM, 1977.

Schweizer, Eduard. "Slaves of the Elements and Worshipers of Angels: Gal. 4:3, 9 and Col. 2:8, 18, 20." *JBL* 107 (1988) 455-68.

_____. "*sōma*" ("body" in Colossians). In *TDNT*, vol. 7, 1074-77.

Schubert, Paul. *Form and Function of Pauline Thanksgivings*. Berlin: Mohr, 1959.

Scott, Ernest F. *The Epistles of Paul to the Colossians, to Philemon, and to the Ephesians*. London: Hodder & Stoughton, 1930.

Selwyn, E. G. *The First Epistle of St Peter*. London: MacMillan, 1946.

Settler, Hanna. "An Interpretation of Colossians 1:24 in the Framework of Paul's Mission." In *The Mission of the Early Church to Jews and Gentiles*, edited by Jostein Adna and Hans Kvalbein, 187-89. WUNT, 127. Tübingen: Mohr, 2000.

Smith, Ian K. *Heavenly Perspective: A Study of the Apostle Paul's Response to a Jewish Mystical Element at Colossae*. London: T. & T. Clark, 2006.

Strack, Hermann L., and Paul Billerbeck. *Kommentar zum Neuen Testament aus Talmud und Midrasch*. 3 vols. Munich: Beck, 1969.

Synge, F. C. *Philippians and Colossians*. London: SCM, 1951.

Thiselton, Anthony C. *The First Epistle to the Corinthians*. NIGTC. Grand Rapids: Eerdmans, 2000.

_____. *Life after Death: A New Approach to the Last Things*. Grand Rapids: Eerdmans, 2012.

Thompson, Marianne Meye. *Colossians and Philemon*. NH. Grand Rapids: Eerdmans, 2005.

Thornton, Lionel S. *The Common Life in the Body of Christ*. London: Dacre, 1944.

Wesley, John. *Colossians: Explanatory Notes and Commentary*. London: Hargreaves, 1755.

White, R. E. O. *Colossians*. In *The Broadman Commentary* vol. 11, 217-56. London: Broadman, 1971.

Williamson, L. "Led in Triumph: Paul's Use of *Thriambeuō*." *Interpretation* 22 (1968) 317-32.

Wilson, Robert McLachlan. *A Critical and Exegetical Commentary on Colossians and Philemon*. ICC. London: Bloomsbury/T. & T. Clark, 2005.

Wright, N. T. *Colossians and Philemon*. TNTC. Leicester, UK: IVP, 1986.

_____. "Poetry and Theology in Colossians 1:15-20." *New Testament Studies* 36.3 (1990) 444-68.

<한국어판>

더글러스 J. 무. 『골로새서·빌레몬서』. 신윤수 옮김. 부흥과개혁사, 2017.

데이비드 W. 파오. 『강해로 푸는 골로새서·빌레몬서(존더반신약주석시리즈)』. 김진선 옮김. 디모데, 2018.

브루스 M. 메츠거. 『신약 그리스어 본문 주석』. 장동수 옮김. 대한성서공회, 2016.

E. P. 샌더스. 『바울과 팔레스타인 유대교』. 박규태 옮김. 알맹e, 2018.

톰 라이트. 『골로새서·빌레몬서』. 이승호 옮김. CLC, 2014.

피터 T. 오브라이언. 『골로새서·빌레몬서(WBC성경주석)』. 정일오 옮김. 솔로몬, 2008.

인명 색인

<ㄱ>
건드리, 로버트 H. 68
고들리, 매튜 E. 53

<ㄴ>
낙스, 존 153
누가 152

<ㄷ>
다이스만, 아돌프 29, 55
댄커, 프레더릭 11, 42, 61, 99
던, 제임스 D. G. 17, 22, 26, 31,
42, 61, 64, 67, 74, 77, 80, 91, 93,
136, 142, 145, 150
던컨, 조지 S. 29
데니, 제임스 66
데이비스, W. D. 57
두기고 29, 148, 149

<ㄹ>
라이트 N. T. 26, 27, 29, 37, 57,
64, 76, 82, 99, 104, 108, 116, 126,
131, 141, 144
라이트푸트 J. B. 36, 73, 90, 95,
96, 99, 100, 101, 104, 133, 141,
153
렝스토르프, 카를 H. 136
로버트슨, A. T. 65, 69, 75, 82,
100, 111, 121, 131, 141, 142, 143,
152
로빈슨, 제임스 M. 52
로빈슨, 존 A. T. 62
로스키, 블라디미르 56

로제, 에두아르드 26, 32, 37, 60,
63, 69, 73, 91, 99, 112, 130, 135
리처즈, E. 랜돌프 21
링컨, 앤드류 T. 19, 22, 42, 48,
52, 57, 63, 77, 86, 92, 95, 108, 116,
120, 125, 130, 133, 142

<ㅁ>
마가 150
마울, 찰스 F. D. 28, 64, 76, 90,
100, 104, 114, 119, 125, 129, 135,
137, 150
마이어호프 E. T. 20, 26
마틴, 데일 B. 137
마틴, 랠프 P. 26, 28, 53, 69, 74,
105, 111, 116, 124, 127
맥나이트, 스캇 23, 24, 26, 30,
53, 58, 60, 74, 75, 76, 90, 95, 103,
110, 127, 132
맥도널드, 마가렛 Y. 26, 37, 78,
109, 114, 135, 143, 151
메츠거, 브루스 M. 40, 46, 52, 72,
85, 129, 148 등의 각주 1
모패트, 제임스 134, 141
몰턴, J. H. 55, 105
몰턴, 해롤드 K. 119, 149, 154
몹수에스티아의 테오도레 91
무, 더글라스 J. 23, 56, 73, 88, 89,
96
밀리건 G. 55, 105

<ㅂ>
바, 제임스 87-88

바나바 151
바르트, 카를 79
바우어, F. C. 25
바치, S. 스콧 137
바클레이, 존 137
버니, C. F. 57
베버, 막스 37
보컴, 리처드 60 각주 24
브루스, F. F. 26, 28, 48, 53, 60,
62, 66, 92, 101, 102, 103, 104, 108,
111, 120, 144

<ㅅ>
샌더스. E. P. 25
소스데네 38
손턴, 라이오넬 S. 62
스콧, E. F. 39, 41, 50, 60, 108,
114, 117, 119, 130, 131, 134, 144
스트랙 H. L.와 빌러벡, 폴 116
싱 F. C. 26, 49

<ㅇ>
아리스토텔레스 133
아리우스 55
아보트, 토마스 K. 57 각주 109,
150, 153
아우구스티누스 90
아우렐리우스, 마르쿠스 60
에바브라 16, 32, 35, 41, 43, 44,
151, 152
에픽테투스 130
오그, 조지 29
오네시모 28, 29, 149

오브라이언, 피터 T. 28, 29, 38, 47, 60, 67, 69, 75, 76, 89, 93, 95, 134, 138
요세푸스 16, 88
웨슬리, 존 49, 66, 68, 69, 74, 116, 154
윈터, 브루스 137
윌슨, 로빈 22, 110, 132
유세비우스 28

<ㅈ>
제르크룬트, C. J. 82
주잇, 로버트 127

<ㅋ>
칼뱅, 장 36, 43, 49, 57, 62, 63, 66, 69, 77, 90, 101, 114, 118, 120, 142
캐넌, 조지 E. 24
케어드, 조지 B. 57, 68, 73, 74, 77, 81, 82, 90, 91, 94, 95, 99, 101, 117, 121, 131, 142
케제만, 에른스트 52
콜린스, 존 44, 70, 77
쾰러, 엘제 131
큄멜, 베르너 G. 21, 25, 30
크래프턴, 제프리 A. 36
크로프트, 스티븐 44 각주 30
크리소스토무스, 요한 36, 91
키즈마트, 실비아 59
키텔, 게하르트 136

<ㅌ>
톰슨, 마리안 메이 58, 76

<ㅍ>
파오, 데이비드 W. 24, 26, 30, 76, 96

펠라기우스 75
플라톤 61
플루타르크 47, 144
피츠너, 빅터 C. 81
피크 A. S. 17
필로 16, 57, 61, 88, 89, 130

<ㅎ>
해리스, 머리 J. 30, 46, 61, 64, 76, 89, 131
핸슨, 앤서니 T. 95
호렐, 데이비드 137
후커, 모나 D. 18
휘브너, H. 64

주제 색인

<ㄱ>

가이사랴 수감 27
가이사의 집안 27
가정 규율들 129-130
가정의 삶 129
가정 윤리 129
가족 130-31
가현설 그리스도론 68
감사드림 40-43
감추어져 계신 그리스도 110-111
거룩한 68
거짓 교사들 18, 98-99
건져내다 또는 옮기다 48
결혼생활 132
고난(통) 73
고난의 몫 74
골로새 15-16, 35
골로새 이단 17, 31
골로새서 원저자 20-22
교회 31-32, 38
구속(속량) 49, 59
권력과 지위(신분) 133
권세들과 권력들 32, 50, 58
권위 36-37
규정들 103, 106
그리스-로마 시대 서신들 35, 130
그리스도께 참여함 92
그리스도께서 앉아 계심 109
그리스도론 22, 25-26, 30, 60
그리스도와 함께 살려 주심 108-113
그리스도의 속죄의 희생 73, 75-76

그리스도의 자기 희생 125
그리스도의 머리되심 102
그리스도의 승귀와 보좌에 앉으심 109, 111
그리스도의 전적 충분하심 19, 36-37, 52
그리스도의 죽으심 69, 102
그리스도의 평화 126
그림자와 실체 99
근원 62
금욕 19, 99-100
기도 40-41, 140-142
기회를 선용 142-143
긴박감 103

<ㄴ>

나쁜 습관 118
노예 134-138
논리적 미래 93
눈가림/사람을 즐겁게 하는 자 134-135
볼 수 있는 하나님 52

<ㄷ>

단일성과 의미 58
대신하는, 집합적 죽음 103
대화 143-144
동작의 시작을 나타내는 부정과거 43, 149
디모데 38
디아코노스/집사/중재자 44

<ㄹ>

라오디게아 15-16
라오디게아와 히에라볼리 15, 81, 152
라이코스 계곡 16, 19, 81, 152
랍비의 추론 41
로마 수감 27
로마 제국의 아시아 속주 15

<ㅁ>

먼저 나신 54
메시아 고뇌 74-76
몸의 형태 90
무관심 117
무지 47
무궁무진한 보물 79
문학적 복수형 40
미덕과 악덕의 목록 114

<ㅂ>

바울 이전의 전통 52, 115
바울 이후에 발전한 것 53
바울의 동료(동역자) 28, 150
벗어버림 92, 119
벗다, 입다 119
보좌에 앉으심 109, 111
보편성/보편적인 23, 42, 69-70, 80
복종 132, 135
불의/부정직 137
부활 63, 92, 113
부활의 삶 108
분사와 부정사 20

불화 65
비밀(신비) 78-79
비유적인 언어 111
빛문서 94
뿌리를 박고 세움을 받음 85

<ㅅ>
사도직 23, 36, 80
사로잡다 87
사해사본들 19
사회봉사자 44
상호의존성 62
서기(書記) 21
서신서의 작성 시기 29-30
서신적 부정과거 149
선교 전략 28
성령 41, 43, 114
마음을 다함 135
성육신 그리스도론 53, 55
성적 부도덕/성적 악덕 115
세례 119
소망 41-42
소외 67, 93
순환 논법 25
쉐키나/임재 안에 거함 79-80
스토아 철학자들 60, 64, 133
스페인 29
승리 95
신비 종교들 8, 78
신비적 체험 103
신성 89
신들의 형상들 56
신학 26-27
실격시키다 또는 상을 빼앗다
99-100

<ㅇ>
아내들 131-132

아동의 발달 102
어휘와 문체 20
에베소 사역 35
에베소 15-16, 27, 141
에베소서에 종속됨 20
열두 제자 36
열매를 맺음 43
영광/하나님의 영광 48, 54, 79-
80
영지주의자들 63, 86
옥중서신들 27
온유함 125
옷을 갈아입는 것의 은유 119
완전함 91
완전히 자란 80
우주의 구성요소들 88-89
우주의 원소들 88
우주적 그리스도 30-31, 58, 63,
68
우주적 맥락 80
위(above) 108-111
유대인과 이방인 127
유산 31, 137
은유로서의 소금 143-144
은혜 36
은혜와 평화 39
은혜로 의롭다 함을 얻음 25
의무들의 호혜적 성격 130
이방인과 유대인 121
이방인들 16, 78, 93
인내(오래 참음) 49, 125
용납과 용서 125
일관된 상태/일관성 60-61, 71

<ㅈ>
자력 종파 104
자유 100-105
전적으로 충분하신 그리스도

19, 31, 52
전통(적) 23-22, 86
전통의 전수와 수용 86
정통 17
종말론 76, 78, 99
중재자이신 그리스도 60
지혜와 지식 19, 47, 57, 64, 82
집안의 머리들 132
집필 장소 27-29

<ㅊ>
차례(turn) 75
찬송 본문 52-53
찬양 127
창조 신학 30, 59
천사 숭배 100-102
천사 66-67
철학 19, 43, 48, 112
초점이신 그리스도 31, 71
충만함 30, 62, 89, 90
충만함, 영지주의 사상에서의
19

<ㅍ>
평화조약 67
피타고라스학파 104

<ㅎ>
하나님과 화평 65
하나님의 진노 117
하나님의 창조 행위 58
하나님의 형상 56
할례 19, 91-92, 121
해석학적 난제 73
헬라 사상과 유대교의 유사한 교
훈들 114-115, 129
현재(지금), 과거와 대비되는
117

호소하다/요구하다 **82**
화해 **39, 58, 64–66**
환상, 상상 속의 계시들 **101, 130**
후대의 영지주의 사상 **19, 55**
히에라볼리 **15–16**
힘(권능) **48-49, 69**

성경 및 기타 문헌 색인

창세기
1:26-27 **56**

출애굽기
19:12 **104**

레위기
5:3 **104**
10:9 **100**

민수기
6:3 **100**
6:24-26 **39**

욥기
29:14 **119**

시편
89:27 **55**
96:10-13 **113**
110:1 **110**

잠언
2:1-8 **82-83**
8:22-31 **53**
15:1, 18, 22-24 **119**

전도서
7:9 **119**

이사야
40 - 55 **77**
45:3 **82**

61:10 **119**

다니엘
2:18, 19, 27-30, 47 **78**
7:21-22, 25-27, 12:1-3 **74**

하박국
3:15 **74**

스바냐
1:15 **74**

마태복음
5:12 **73**
6:20 **42**
10:24-26 **73**
13:23 **43**
24:4-8 **74**

마가복음
4:20 **43**
6:7 **38**
12:35-37 **110**

누가복음
2:21 **92**
8:15 **43**
19:20 **42**
21:8-11 **74**

요한복음
1:1-4 **53**
1:3 **57**

1:14 **80**
1:18 **54**
13:1-11 **79**
14:9 **54**

사도행전
2:33-36 **110**
5:41 **73**
7:53 **101**
6:2 **44**
8:21 **49**
19:10, 17-20 **16, 35**
19:23-41 **29, 35**
20:4 **150**
24:27 **27, 28**
28:16 **27**

로마서
1:20 **54**
1:21-32 **68**
1:24, 26, 29-31 **115**
5:1-5 **41**
5:10-12 **65**
6:3-5 **92, 93**
6:10 **73**
7:4 **43**
8:34 **110**
10:25-27 **79**
11:35-36 **58**
12:1-13 **115**
12:4-5 **62**
13:6 **21**
13:8, 10 **126**

15:19 **77**
15:28 **29**
16:25-27 **78**

고린도전서
1:18, 24 **23**
2:6-10 **78-79**
2:6-16 **78**
3:10-12 **69, 86**
6:9-11 **115, 118**
6:19 **114**
7:11 **65**
7:17-24 **137**
8:1-4 **53**
8:6 **22, 23, 26, 27, 59**
11:7 **56**
11:23 **86**
12:13 **122**
12:12-27 **62**
14:26 **53**
15:1-3 **23, 86**
15:25 **110**
15:32 **27**
15:47-49 **108**
15:49 **57**
16:21 **154**
16:29 **142**

고린도후서
1:3-11 **75**
1:8 **27**
2:7,10 **21**
3:6 **48**
3:10 **21**
3:18 **80**
4:4-6 **54**
5:10 **139**
5:18-19 **65, 66**

5:20 **65, 66**
6:4 **44**
6:5 **27**
9:8 **21**
11:23 **27**
11:28 **81**

갈라디아서
1:4 **48**
1:6-9, 3:1-3, 4:8-10, 5:2-12 **18**
2:19 **75**
3:19 **101**
3:28 **122**
4:26 **108**
5:5-6 **41, 126**
5:13-26 **115**
5:19 **115**
5:24 **86**
6:11 **154**
6:12 **86**

에베소서
1:8-12 **46**
1:20 **110**
2:14 **127**
2:15 **67**
4:18 **68**
4:31 **115**
5:3-5 **115**
5:16 **144**
5:19-20 **53**
5:22-33 **132**
6:6 **135**
6:12 **50**
6:14-17 **115**
6:20 **27**
6:21-22 **148**

빌립보서
1:12-14 **143**
2:5-11 **22, 23, 26, 27, 53**
2:10-11 **111**
3:12-14 **81**
3:20 **108**
4:22 **27**

골로새서
아래 구절들을 포함한 전체
1:15-20 **22, 30-31, 53, 56**
1:20 **66, 70**
1:24 **73-77**
2:1-5 **81**
2:8 **23, 112**
2:13 **21**
2:16-23 **18**
3:10 **56**
3:16 **53**
4:7-17 **28**
4:13 **81**

데살로니가전서
1:3 **41**
2:13 **21**
3:2 **44**
4:1-12 **115**

데살로니가후서
1:10 **21**
2:17 **21**
3:17 **154**

디모데전서
2:8-15 **130**
3:16 **78**
6:19 **41**

디모데후서
4:11 152
4:10 152
4:12 148
4:17 77

빌레몬서
1:19 154
1:22 29
1:24 152

히브리서
1:2 57
1:2-4 53
1:3 54, 110
2:2 101
5:12 88
6:10-12 41
10:12, 13 110
10:34 73
13:1-17 115

베드로전서
1:13-4:11 115
3:22 110

베드로후서
3:10, 12 88

요한일서
3:2 110, 113

요한계시록
3:21 110
4:11, 5:9-10, 15: 3-4 53
22:1-3 110

신구약 중간기 문헌들

솔로몬의 지혜서(Wisdom of Solomon)
7:17 88

스바냐의 묵시록(Apocalypse of Zephaniah)
3:6-9 95

집회서(Ben Sirach)
1:22 119
27:30 119
43:26 61

쿰란(Qumran)
1QS 4:2-12, 18-26 114

필로(Philo)
Quis rerum divinarum heres, 23 61